LEA ESTE LIBRO SI QUIERE SER FAMOSO EN INSTAGRAM

BLUME

Título original:
Read this if you want to be Instagram famous

Edición
Henry Carroll

Documentación
Jess Angell – @MissUnderground

Diseño
Alexandre Coco

Traducción
Francisco Rosés Martínez
Fotógrafo profesional

Coordinación de la edición en lengua española
Cristina Rodríguez Fischer

Primera edición en lengua española 2017

Carrer de les Alberes, 52, 2.°, Vallvidrera
08017 Barcelona
Tel. 93 205 40 00 E-mail: info@blume.net

I.S.B.N.: 978-84-16965-07-6

Impreso en China

WWW.BLUME.NET

Este libro se ha impreso sobre papel manufacturado con materia prima procedente de bosques de gestión responsable. En la producción de nuestros libros procuramos, con el máximo empeño, cumplir con los requisitos medioambientales que promueven la conservación y el uso responsable de los bosques, en especial de los bosques primarios. Asimismo, en nuestra preocupación por el planeta, intentamos emplear al máximo materiales reciclados, y solicitamos a nuestros proveedores que usen materiales de manufactura cuya fabricación esté libre de cloro elemental (ECF) o de metales pesados, entre otros.

LEA ESTE LIBRO SI QUIERE SER FAMOSO EN INSTAGRAM

BLUME

INTRODUCCIÓN

Mezcle el negocio con el placer
@DANIELLEPEAZER 8

Observe la luz
@THOMAS_K 10

Busque las líneas
@MISSUNDERGROUND 12

Igual pero diferente
@CAROLINE_SOUTH 14

Entrene la vista
@SERJIOS 16

Libere sus extravagancias
@TASTEOFSTREEP 18

Todo está en el nombre
@BERLINSTAGRAM 20

Aspectos técnicos:
Perfeccione su perfil 22

Comente con tacto
@THATSVAL 24

Céntrese
@SYMMETRYBREAKFAST 26

Ruptura
@SATIREGRAM 28

Sea honesto. Sea único
@THEDRESSEDCHEST 30

Miniseries
@GMATEUS 32

Estimulantes
@THE.HAT 34

Aspectos técnicos:
Composición 36

Inclinar y estirar
@NATHPARIS 38

Rodéese de creatividad
@EDWARDKB 40

Ríndase a sus impulsos
@BREADFACEBLOG 42

Consiga que sus fotografías digan más que mil palabras
@SALLYMUSTANG 44

Simetría
@MACENZO 46

Aspectos técnicos:
Efectos de Instagram 48

Aspectos técnicos:
Aplicaciones de edición 49

Ráfagas de entusiasmo
@ME_AND_ORLA 50

Cuente historias reales
@KIKI_SUNSHINE 52

Inclúyase en la fotografía
@OVUNNO 54

El *flat lay* perfecto
@HAL_ELLIS_DAVIS 56

Represente bien su ciudad
@ALADYINLONDON 58

Aspectos técnicos:
Hashtags, *¿sí o no?* ... 60

Fotografía de moda integral
@GABIFRESH ... 62

Cree un espacio amplio
@NICOLE_FRANZEN ... 64

Hable el lenguaje de sus seguidores. Literalmente
@KATIA_MI ... 66

¡Colabore!
@IHAVETHISTHINGWITHFLOORS ... 68

¿Dónde se encuentra?
@KITKAT_CH ... 70

Aspectos técnicos:
Cuide a sus seguidores: los hechos ... 72

Fotografíe un sentimiento
@NA01223 ... 74

Pensamientos animales
@NALA_CAT ... 76

Espere a que la luz sea apropiada
@HELLOEMILIE ... 78

Sea una persona sociable
@DANIEL_ERNST ... 80

Practique la creatividad
@KIM.OU ... 82

Hágalo a su manera
@5FTINF ... 84

Aspectos técnicos:
Cómo convertirse en un usuario sugerido ... 86

Sea activo
@LEBACKPACKER ... 88

Convierta a sus seguidores en amigos
@LILYROSE ... 90

Construya un estudio en casa
@PCHYBURRS ... 92

El momento apropiado
@CUCINADIGITALE ... 94

Ser uno mismo
@THE_SALTY_BLONDE ... 96

Marque la diferencia
@CASHCATS ... 98

Aspectos técnicos:
Dinero, dinero, dinero ... 100

Añada un toque humano
@NUNOASSIS ... 102

Adopte un punto de vista diferente
@THEFELLA ... 104

Cómo dominar la fotografía de bodegón
@C_COLLI ... 106

Busque su sonrisa
@SEJKKO ... 108

Aprenda a escucharse
@ISABELITAVIRTUAL ... 110

Aspectos técnicos:
¿Necesita representación? ... 112

La importancia de la *selfi*
@LIVPURVIS ... 114

Planifique un InstaMeet
@PHILGONZALEZ ... 116

Busque su propio estilo
@PALOMAPARROT ... 118

¡Diviértase!
@HOTDUDESWITHDOGS ... 120

Es normal sentirse triste
@PANYREK ... 122

Aspectos técnicos:
Lo que se debe hacer en Instagram... y lo que no se debe hacer ... 124

ÍNDICE ... 126

CRÉDITOS DE LAS IMÁGENES ... 128

Pizza
a picture of my breakfast.

¿Así que quiere ser famoso en Instagram, eh?

PASO 1: Entre en una cafetería. **PASO 2**: Pida una ensalada. Mejor todavía, pida una ensalada de col kale. **PASO 3**: Póngase de pie sobre la silla, haga una fotografía y usted y su **#ENSALADADECOLKALE** tendrán un millón de seguidores y un nuevo amigo para siempre llamado **@KYLIEJENNER**. Es así de fácil, ¿verdad?

No. Se requiere algo más para crecer en Instagram. Se ha de sentir pasión por la fotografía y crear un producto novedoso y único. Y lo más importante, se requiere creatividad, originalidad y seguir una estrategia definida.

Detrás de cada imagen famosa hay un fotógrafo muy hábil que sabe exactamente lo que está haciendo.

En este libro, cincuenta de los grandes comparten sus secretos para ayudarle a adquirir notoriedad en Instagram. Sus conocimientos le ayudarán a perfeccionar sus habilidades fotográficas y a desarrollar su estilo personal para interactuar con la comunidad y atraer la atención de las marcas. Aprenderá cómo los iconos de la moda y el deporte, como **@DANIELLEPEAZER**, han conseguido superar el millón de seguidores. Descubrirá cómo **@TASTEOFSTREEP** consiguió más de 100.000 seguidores en cuestión de semanas. Aprenderá a hacerse famoso en el ámbito de la alimentación, como **@SYMMETRYBREAKFAST**, y a hablar el idioma del mundo de la moda, como **@HELLOEMILIE**.

Con independencia de la dirección que decida tomar, estos consejos inestimables le permitirán conseguir con rapidez un grupo de seguidores, crear algo de lo que se sentirá realmente orgulloso y; por supuesto, dejar su trabajo, viajar por el mundo y acceder a un montón de cosas gratuitamente.

Pizza
Reebok

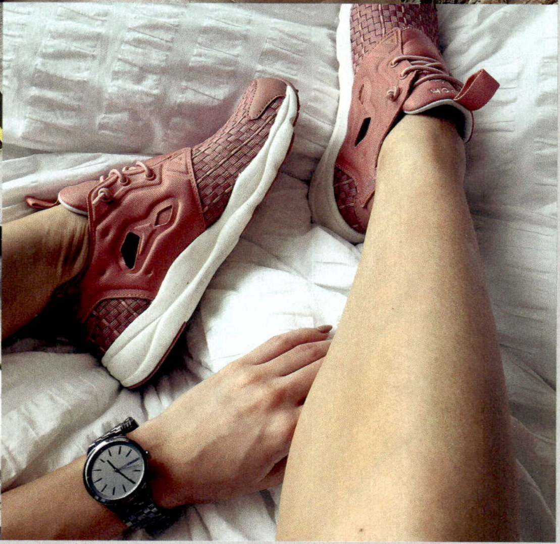

@DANIELLEPEAZER
Danielle Peazer
Seguidores: > 1,2 millones

Fuentes de inspiración:
@eimearvarianbarry
@sincerelyjules
@victoriametaxas

Mezcle el negocio con el placer

La gente conecta con las imágenes en las que se ve reflejada. Por lo tanto, para que aumente su cuenta de seguidores, asegúrese de tener un buen número de fotografías personales y corporativas (que pueden estar o no patrocinadas). Si tiene una cuenta emergente, etiquetar líneas aéreas y hoteles es una buena forma de ampliar sus contactos corporativos. Si se encuentra de vacaciones, permita que la gente sepa qué marcas lleva mientras pasea. Personalmente, trato de aportar un aire propio a todas las publicaciones pagadas. Con este objetivo en mente trabajo con los clientes para crear un buen contenido con el que ambos estemos satisfechos. Nadie sabe mejor que uno mismo con qué imágenes conectan mejor sus seguidores.

La historia de Danielle

Abrí mi cuenta en 2012 por pura curiosidad. Después de un tiempo, algunos de mis seguidores empezaron a preguntarme de dónde era mi ropa y me pedían consejo sobre qué llevar. Y entonces comencé a pensar seriamente en convertir mi afición en una forma de ganarme la vida. Creo que a la gente le gusta la mezcla de fotografías profesionales y fotografías donde aparezco socializando con mis amigos. Solo trabajo con marcas que realmente me gustan, pues para mí es más importante la autenticidad que solo ganar dinero.

Observe la luz

Un cambio de luz puede abrir nuevas perspectivas a escenas familiares. A menudo, siento que ya lo he fotografiado todo en mi ciudad, y entonces, dependiendo de las condiciones, la luz puede otorgar a un mismo lugar una apariencia completamente distinta. No se limite a visitar un lugar una sola vez. Regrese a diferentes horas en diferentes días durante diferentes estaciones. Así es como empezará a subir fotografías que le gusten a la gente.

La historia de Tomas

Cuando descargué Instagram en 2010 solo buscaba una aplicación que me permitiera compartir fotografías divertidas con un amigo. Nunca hubiese imaginado cuánto cambiaría mi vida gracias a esa descarga. En poco tiempo descubrí una profunda pasión por la fotografía, que ahora se ha convertido en mi trabajo diario. Instagram también cambió totalmente mi modo de viajar. Con independencia de donde vaya, siempre hay alguien con quien puedo tomar un café o dar una vuelta. Para mí, esto es lo más valioso de todo.

@THOMAS_K
Thomas Kakareko
Seguidores: > 655.000

Fuentes de inspiración:
@cirkeline
@sionfullana
@koci

@MISSUNDERGROUND
Jess Angell
Seguidores: > 50.000

Fuentes de inspiración:
@mrwhisper
@13thwitness
@underground_nyc

Busque las líneas

Pruebe diferentes ángulos cuando haga fotografías. Colocar la cámara o el teléfono móvil en una posición alta o baja abre nuevos ángulos con los que jugar. Busque líneas impactantes para atraer al espectador hacia el interior de su fotografía —paredes, escaleras o incluso pasamanos. Las líneas que se extienden desde el borde del encuadre pueden ser un elemento visual atrayente. Si le gustan las imágenes geométricas, acuérdese de sujetar la cámara bien recta en relación al objeto para que los ángulos no queden distorsionados.

La historia de Jess

En 2012, creé **@MISSUNDERGROUND** únicamente para subir mis imágenes del metro de Londres, que siempre me ha encantado. Un punto de inflexión en mi carrera fue cuando aparecí destacada en el blog de Instagram en 2013; en un solo día pasé de tener 8.000 a 24.000 seguidores. Fotografiar las escaleras mecánicas, los túneles y los espacios del metro de una forma simple y simétrica se ha convertido en una obsesión. Trato de fotografiar el metro cada día, ¡pero a veces hay demasiadas personas!

Igual pero diferente

Es importante que su cuenta sea coherente, tanto por los colores que utiliza como por el contenido que comparte. Esta coherencia proporciona una identidad que la gente reconocerá instantáneamente cuando navegue por las imágenes. Aunque es tentador probar nuevos efectos y filtros, procure ser fiel a las mismas aplicaciones y herramientas de edición. Personalmente, tiendo a no utilizar filtros. Prefiero aclarar las imágenes y ajustar el contraste, las sombras y la calidez con PicTapGo. Si se decanta por una apariencia minimalista, piense en cómo quedarán sus fotografías unas al lado de las otras. Desde un punto de vista compositivo, me gusta dejar una zona de color uniforme alrededor de las imágenes con más información para que respiren un poco.

La historia de Caroline

Siempre me ha gustado crear momentos —hacer fotografías de mi familia, atesorar y crear obras con objetos naturales y encontrados. Dedico mucho tiempo a pasear por la playa en busca de cosas para fotografiar y compartir. Al principio, compartía estas imágenes por medio de mi blog, pero descubrí que Instagram era más instantáneo y no requería tanto texto de apoyo. Luego tuve la suerte de que me incluyeran en la lista de usuarios sugeridos, lo que incrementó todavía más el número de seguidores de mi cuenta. Compartir fotografías en Instagram se ha convertido en una parte importante de mi rutina diaria. Me permite tener un momento para mí misma, lejos de mi ajetreada vida familiar y laboral.

@CAROLINE_SOUTH
Caroline South
Seguidores: > 100.000

Fuentes de inspiración:
@5ftinf
@pchyburrs
@spielkkind

@SERJIOS
Serge Najjar
Seguidores: > 75.000

Fuentes de inspiración:
@janske
@joseluisbarcia
@kristinenor

Entrene la vista

El mejor consejo que puedo dar es entrenar la vista. Comience observando su vecindario de un modo diferente. Trate de ver los detalles ocultos, de captar la luz cambiante y de buscar momentos en los que la gente adquiere protagonismo en un espacio. No utilizo *hashtags*. Céntrese en la fotografía y evite cualquier cosa que destaque por encima de la propia imagen (como demasiados *hashtags*). Todas mis fotografías tienen un título, pero esto es lo máximo que me permito añadir.

La historia de Serge

Nací en Beirut, Líbano. Me dedico profesionalmente a la abogacía. Empecé a publicar mis fotografías en Instagram en 2011, y en poco tiempo me contactaron varias galerías (desde 2012 expongo mi trabajo en la galería Tanit). Gané el concurso Photomed Liban 2014, y desde entonces mi obra se expone en ferias internacionales como Paris Photo. Desde el principio he tratado de mostrar por medio de mi cuenta en Instagram lo delgada que es la línea entre lo ordinario y lo extraordinario. Observando las cosas que nos rodean con una visión innovadora, creo que conseguimos acercar lo ordinario al arte.

Libere sus extravagancias

No se preocupe de lo que puedan pensar otras personas. Haga algo en su propio beneficio: lo que crea que es divertido, y no modifique su visión ni reprima sus instintos para quedar bien. Me encantaría decir que tenía un plan maestro, pero lo cierto es que abrí mi cuenta para mis amigos y sigo en un estado de *shock* por la popularidad que ha adquirido. Mi cuenta fue improvisada y por ello ha atraído tanta atención y con tanta rapidez. En retrospectiva, creo que la clave del éxito está en ser diferente.

@TASTEOFSTREEP
Samantha Raye Hoecherl
Seguidores: > 115.000

Fuentes de inspiración:
@bethhoeckel
@officialseanpenn
@pipnpop

La historia de Samantha

Soy actriz, ilustradora y diseñadora gráfica. Nací en Florida hace 25 años y actualmente vivo en Brooklyn. No estoy segura de por qué abrí una cuenta en Instagram. Un día encontré esta excelente fotografía de Meryl Streep de la película *Vida y amores de una diablesa* y sentí el impulso de colocarla sobre un donut recubierto de fresa glaseada. Eso fue en noviembre de 2015, y unos dos meses después me levanté una mañana y decidí crear una cuenta dedicada enteramente a Meryl Streep y a la comida. Entre toda la «locura viral», varias empresas de bollería industrial se pusieron en contacto conmigo, y ¡nunca digo que no a la comida gratis!

@BERLINSTAGRAM
Michael Schulz
Seguidores: > 460.000

Fuentes de inspiración:
@ecolephoto
@efi_o
@mr_sunset

Todo está en el nombre

Si es nuevo en Instagram, le aconsejo que compruebe si el nombre que ha elegido para su cuenta está disponible en otras redes sociales, como Snapchat, Facebook, Twitter y Tumblr. Instagram es solo una plataforma, y podrá conseguir más seguidores si permite que sus diferentes canales de promoción se realimenten entre sí. Un nombre coherente facilitará a sus seguidores encontrar su cuenta. Escoger un nombre apropiado también es importante. Mi nombre, **@BERLINSTAGRAM**, me procuró más atención porque la gente podía anticipar lo que se iba a encontrar: ¡fotografías de Berlín! De vez en cuando siento que mi nombre me limita un poco —viajo a más lugares y, a veces, la gente dice: «Esto no es Berlín»—, pero mis seguidores entienden que las cuentas necesitan crecer y evolucionar.

La historia de Michael

Descargué Instagram dos semanas después de que apareciera, en otoño de 2010. Sin embargo, no la utilicé hasta que descubrí las aplicaciones de edición fotográfica. La posibilidad de hacer miles de fotografías sin ningún coste me fascinó. Mis imágenes de esos primeros días ahora me resultan divertidas: filtros inadecuados, baja resolución, composiciones extrañas. Hace dos años dejé mi trabajo en el campo de la publicidad, y ahora combino esa experiencia con mis conocimientos de Instagram para ganarme la vida como consultor corporativo; creo campañas y produzco contenidos para diferentes marcas. Creo que los *smartphones* y las aplicaciones de edición de imagen supusieron la democratización de la fotografía, e Instagram es su motor social.

Perfeccione su perfil

Primero necesita crear una cuenta o modificar una existente para asegurarse de que todo está correctamente configurado. Dependiendo del propósito de su cuenta, tendrá que pensar en algunos aspectos esenciales para conseguir la atmósfera adecuada y un mayor atractivo visual.

Nombre

Es importante que se adapte a las características de su cuenta. Lo ideal es que sea atractivo y relevante, y al mismo tiempo creativo, pues los nombres obvios ya se han utilizado —**@BERLINSTAGRAM** es un buen ejemplo (*véase* pág. 20). Si el nombre que ha elegido no está disponible, pruebe opciones con guiones bajos. Los guiones son también un buen sistema para separar las palabras y mejorar su lectura, por ejemplo, **@ME_AND_ORLA** (*véase* pág. 50). Cuanto más corto sea el nombre, mejor, pues algunas plataformas tienen un límite máximo de caracteres.

Imagen de presentación

Se trata básicamente de su logotipo, así que trate de utilizar algo claro e inmediatamente reconocible. Evite sobre todo las composiciones confusas, pues en una imagen pequeña se pierden los detalles. Si muestra la cara, piense si va a sonreír o a estar serio, pues este aspecto establece inmediatamente el tono de la cuenta.

Biografía

A menos que quiera permanecer en el anonimato, como **@BREADFACEBLOG** (*véase* pág. 42), poner su nombre completo en la biografía le ayudará a transmitir un aire de proximidad. Trate de resumir la información esencial en el mínimo número posible de palabras. Los emoticonos son una buena forma de ahorrar espacio y también de aportar un poco de personalidad. El inglés es el idioma más utilizado en Instagram, así que si su intención es atraer a un público global utilice el inglés además de su idioma nativo.

Elementos adicionales

Si quiere interactuar con otras personas, tendrá que incluir una dirección de correo electrónico. Cree una cuenta de correo específica para Instagram, pues a medida que crezca su cuenta aumentará el correo basura. También debería vincular su sitio web, blog y otros canales sociales, como Snapchat, para incrementar el tráfico de visitas. Del mismo modo, también es recomendable mostrar a las marcas que tiene otras plataformas activas. Acuérdese de mantener esta información actualizada.

Siga a otros usuarios

Si a la gente le gusta su cuenta, muchos usuarios comprobarán a quién sigue para buscar cuentas similares. Este dato es importante en su biografía, pues muestra sus intereses. No siga frívolamente a cualquiera, en especial cuando empiece; de lo contrario su cuenta se llenará de basura y su identidad en Instagram resultará un poco indefinida.

Buenos ejemplos

Por supuesto, todos nuestros colaboradores saben exactamente cómo crear un perfil efectivo. A continuación se incluyen algunos que destacan por diferentes razones. ¡Siga su ejemplo!

daniellepeazer

Danielle Baile/Fitness, Viaje, Moda, Vida
dpeazer @DaniellePeazer @reebokwoman
MIRA mi nuevo video youtu.be/47vAKJhpijo

helloemilie

Emilie Ristevski Siempre paseando con una cámara en la mano.
Actualmente en @tasmania | Snapchat > goodbyeemilie
info@helloemilie.com | **facebook.com/helloemilie**

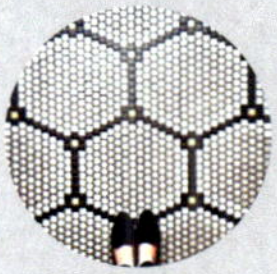

ihavethisthingwithfloors

I Have This Thing With Floors Cuando unos pies bonitos se encuentran con suelos bonitos. Haz una *selfeet* (*selfi* de los pies). #ihavethisthingwithfloors • Organización de exposiciones desde Amsterdam **facebook.com/ihavethisthingwithfloors**

tasteofstreep

taste of streep porque ¿qué más podrías querer?
tasteofstreep@gmail.com Brooklyn, Nueva York

Comente con tacto

Comentar el trabajo de los demás es el modo más próximo de interactuar con la comunidad de Instagram. Aprecio los comentarios que recibo, y dedico tiempo a hacer comentarios significativos sobre las imágenes que suben otras personas. Si le gusta una fotografía, ¡dígaselo a su autor! Del mismo modo, si alguien comenta una de sus fotografías, responda con otro comentario personal en lugar de con un genérico «gracias». Creo que este enfoque ayuda a construir una relación más estrecha con los seguidores; un simple «gracias» está bien, pero no es significativo.

La historia de Valentina

Después de dar a luz a mi segundo hijo y trasladarme a Hong Kong para hacer de ama de casa, empecé a buscar una fuente de inspiración. En 2012 probé algo nuevo cada mes, y después de fracasar miserablemente en la pintura me enganché a Instagram. Me enamoré de la fotografía, y el hecho de recibir cada día comentarios, inspiración y ánimos supuso un punto de inflexión. Ahora me puedo considerar fotógrafa y, aunque es una carrera que acabo de empezar, me siento muy a gusto y realizada.

@THATSVAL
Valentina Loffredo
Seguidores: > 75.000

Fuentes de inspiración:
@cimkedi
@omniamundamundis
@serjios

@SYMMETRYBREAKFAST
Michael Zee
Seguidores: > 600.000

Fuentes de inspiración:
@palestineonaplate
@thecuriouspear
@raretealady

Céntrese

En Instagram no es posible abarcar todos los temas o estilos, así que no lo intente. Céntrese en un tema o un estilo que le guste e investigue a fondo utilizando todos los recursos disponibles. Visite museos, mire películas, lea libros, estudie el trabajo de diseñadores, fotógrafos y artistas —no solo actuales, sino también históricos. Conviértase en un experto sobre el tema que haya elegido, y entonces otros usuarios acudirán a su cuenta en busca de inspiración y consejos. Sea flexible y evolucione, pero manténgase centrado en su tema de Instagram.

La historia de Michael

Creé **@SYMMETRYBREAKFAST** para mi pareja, Mark, en 2013. Mi pasión por la cocina proviene de mis padres y de mi herencia inglesa, escocesa y china. Pasaba los fines de semana y las vacaciones escolares trabajando en las tiendas de *fish and chip* de mi padre, y yo mismo aprendí a hornear porque mi madre era muy golosa. Mark tiene un trabajo frenético, por lo que el desayuno es un momento sagrado para nosotros. Mi misión es hacer de cada ágape una celebración. Más de 800 desayunos después sigo levantándome temprano para prepararle el desayuno a Mark.

Ruptura

Trate de captar la curiosidad de la gente haciendo algo poco habitual. Yo lo hice yendo contra las normas con palabras escritas a mano publicadas en una plataforma específicamente diseñada para imágenes. Cuando suba contenidos no se centre únicamente en el número de «me gusta» y de los seguidores que consigue. En lugar de ello, busque su espacio y controle lo que desea compartir. Todo lo demás llegará solo porque otros usuarios descubrirán una parte de ellos mismos en sus publicaciones. Siempre hay gente dispuesta a escuchar algo nuevo. Ese es el público que quiere.

La historia de Euzcil

En apariencia, **@SATIREGRAM** se ríe del comportamiento del usuario típico de Instagram. No obstante, en el fondo, es un reflejo de cómo la gente utiliza las redes sociales. Casi todo lo que una persona cuelga en las redes sociales es un intento para controlar cómo la perciben los demás —es su «momento estelar», su «propia exposición». **@SATIREGRAM** proyecta una luz sobre el autorretrato no planificado, la persona real que hay detrás de la cámara y sus probables intenciones antes del momento de captar la imagen. Personalmente, no me preocupan los «me gusta», los seguidores ni la fama; todo lo hago por el arte y para que la gente se ría de sí misma. Espero que mis entradas inspiren a la gente a captar momentos que no puedo describir en papel.

@SATIREGRAM
Euzcil Castaneto
Seguidores: > 150.000

Fuentes de inspiración:
@brooklyncartoons
@_eavesdropper
@thewriting

a picture of my breakfast.

a picture of a salad I'm having for dinner. I made sure to crop out the big bottle of ranch dressing that I'm going to pour all over this plate...

a cliché picture of an airplane wing through the window because I'm flying somewhere.

mirror selfie at the gym to show off my new workout outfit...

@THEDRESSEDCHEST
Rainier Jonn Pazcoguin
Seguidores: > 160.000

Fuentes de inspiración:
@brothersandcraft
@fmuytjens
@thepacman82

Sea honesto. Sea único

Creo que es muy importante que sea todo lo genuino que pueda. A menudo, la gente puede decir si alguien añade solo contenidos para sus seguidores en lugar de mostrar una pasión genuina. Creo que parte de la honestidad y la peculiaridad de mi cuenta, en comparación con otras cuentas de moda, proviene del hecho de que yo realmente valoro el anonimato. No soy el chico más apuesto, y centrarme en la ropa permite a mis seguidores imaginarse con el mismo atuendo que yo. Si tiene una buena idea y realmente se preocupa de lo que sube a su cuenta, entonces la gente que comparte sus intereses seguro que le encuentra.

La historia de Rainier

Abrí mi cuenta en Instagram a principios de 2014, tanto para tener un registro de lo que llevo cada día como para poder presentar mi vestimenta a personas que lo sepan apreciar. Soy ingeniero de *software* durante el día, y en el trabajo mis combinaciones pasaban a menudo desapercibidas. Lo mejor de mi cuenta es que me proporciona la oportunidad de ser una persona totalmente nueva.

@GMATEUS
Gabriela Mateus
Seguidores: > 200.000

Fuentes de inspiración:
@dansmoe
@brahmino
@nicanorgarcia

Miniseries

Busque vínculos comunes para crear una miniserie fotográfica. Podría ser sobre un lugar o un viaje concretos, o sobre un tema o una paleta de color. Esto hará que su trabajo sea más convincente, pues los usuarios querrán averiguar hacia dónde les conduce su historia. Añadir títulos ingeniosos o intrigantes le ayudará a crear una narrativa, y también le permitirá compartir sensaciones y pensamientos con sus seguidores. Escriba un hecho curioso y formule preguntas para generar una mayor complicidad. Por ejemplo, ¿sabe por qué las casas de esta miniserie que hice en Venecia están pintadas con colores tan brillantes? Para que los pescadores puedan reconocerlas a través de la niebla cuando regresan a sus hogares.

La historia de Gabriela

Abrí una cuenta en Instagram para compartir momentos importantes con mis amigos. Sin embargo, cuando empecé a subir menos momentos personales y a compartir simplemente la alegría que me supone viajar, el número de mis seguidores empezó a crecer. Tuve la suerte de que Instagram me eligiera como usuaria sugerida, lo que también me ayudó. He estudiado ciencias sociales y también fotografía profesional, pero en realidad hacer fotografías sigue siendo una afición que me produce muchas alegrías.

Estimulantes

@THE.HAT
Tim Hatton
Seguidores: > 80.000

Fuentes de inspiración:
@kitkat_ch
@le_blanc
@twheat

La clave para conseguir que una imagen funcione en Instagram es que sea sorprendente. Si una fotografía no causa un impacto inmediato, el espectador pasará a la siguiente entrada. Una imagen bien compuesta llamará la atención del usuario. Aprender algunas técnicas básicas de composición —especialmente las relacionadas con el encuadre cuadrado— supone una gran diferencia en el resultado final.

La historia de Tim

Como profesor de arte siempre estoy buscando nuevos y creativos medios de expresión, e Instagram apareció justo cuando me interesé por la fotografía. En 2012, comencé a trabajar con marcas mientras vivía en Oriente Medio. Allí había muy pocos fotógrafos de reportaje social, por lo que mis imágenes recibieron bastante atención. Cinco años después, Instagram me ha brindado muchas oportunidades nuevas. Ofertas de trabajo e invitaciones para contactar con otros usuarios me han permitido viajar por muchos países. A menudo, reflexiono sobre lo extraño que resulta que una pequeña aplicación para iPhone pueda cambiar tanto la vida.

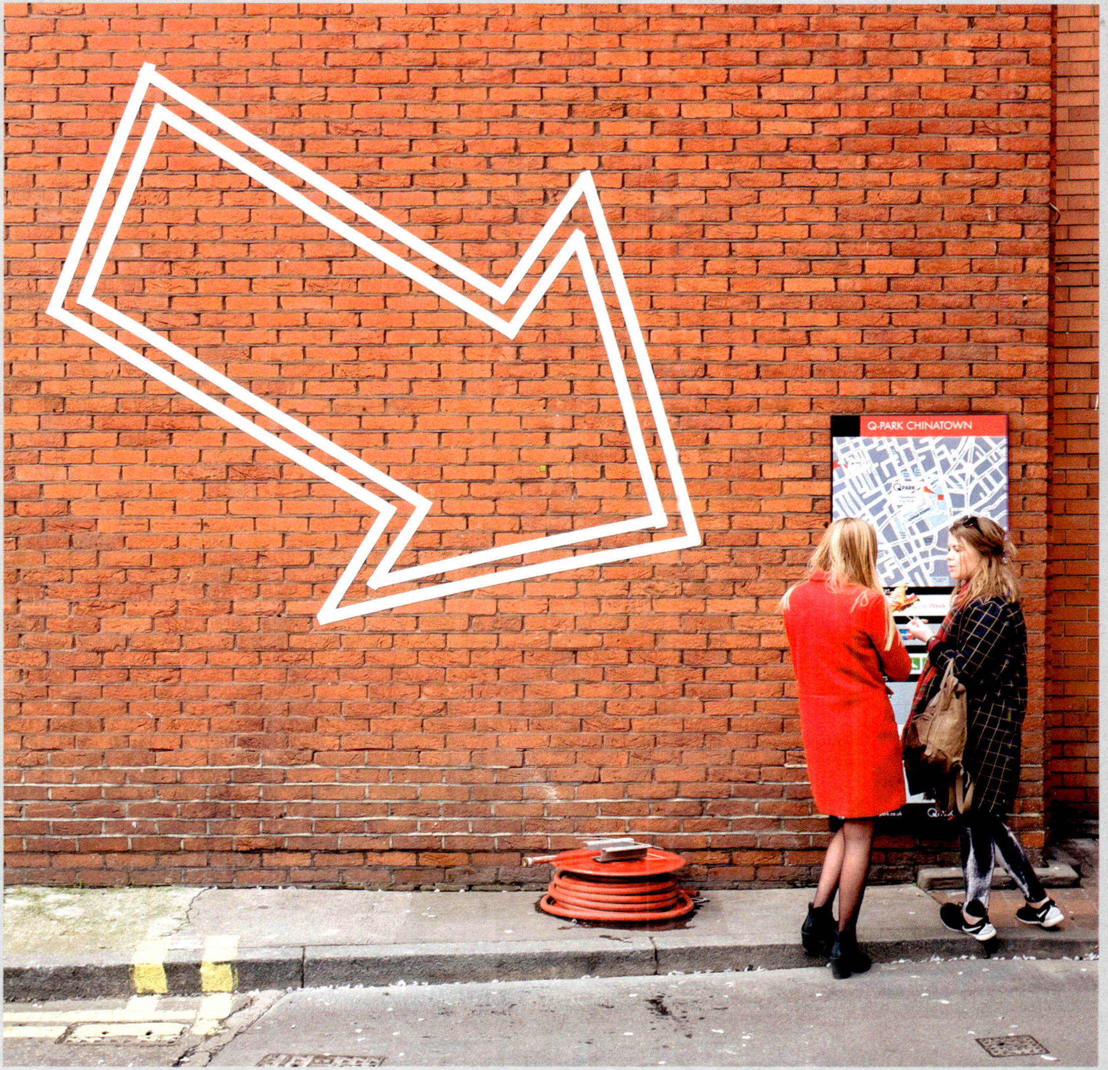
Q-PARK CHINATOWN

Composición

Como acaba de mencionar **@THE.HAT**, no nos podemos permitir ser descuidados con la composición. Piense en ello mientras lee estas dos frases: «La composición es importante porque guía al espectador por la imagen». «Por la guía la composición importante es porque al espectador de la imagen». Ambas están construidas con las mismas palabras, pero una se entiende y la otra no. Es lo mismo cuando se hace una fotografía. ¿Cómo ordena lo que ve para crear una composición coherente? A continuación, hallará algunos secretos esenciales de composición para evitar que sus imágenes caigan en un mar de *hashtags* de miniaturas quiero y no puedo.

Líneas

Busque líneas que conduzcan al espectador hacia la imagen. Podrían ser carreteras, elementos arquitectónicos, o una serie de objetos bien colocados. ¡Cualquier cosa!

@BERLINSTAGRAM

Interés en el primer plano

Otra forma de conducir al espectador hacia la imagen es asegurarse de incluir algo en el primer plano más inmediato.

@OVUNNO

Regla de los tercios

En lugar de colocar los objetos en el centro, añada equilibrio dividiendo el encuadre en tercios y ubicándolos en cualquiera de las intersecciones o cerca de ellas. Utilice la visión de cuadrícula de la cámara si necesita ayuda.

@PANYREK

Composición limpia

Asegúrese de que hay espacio vacío detrás del objeto para que este destaque. No sea perezoso, muévalo o muévase si fuera necesario.

@DANIEL_ERNST

Encuadre

Dirija la atención hacia el objeto, enmarcándolo con detalles en el primer plano, como una puerta o las ramas de un árbol.

@LILYROSE

Líneas horizontales y verticales

Si en la composición hay una línea horizontal o vertical, asegúrese de que quede recta en la fotografía. Utilice la cuadrícula cuando recorte la imagen.

@MACENZO

Simetría

Utilice la simetría para crear imágenes geométricas, ¡siempre funcionan!

@SYMMETRYBREAKFAST

Espacio negativo

El espacio negativo es la zona «vacía» alrededor del tema. Ayuda a definir los bordes del objeto y también puede crear formas impactantes y abstractas.

@SERJIOS

Ángulos inusuales

Cambie los puntos de vista de las fotografías. Túmbese en el suelo o suba a un punto elevado, ¡muestre un nuevo modo de mirar el mundo!

@EDWARDKB

@NATHPARIS
Nathalie Geffroy
Seguidores: > 610.000

Fuentes de inspiración:
@punkodelish
@seb_gordon
@serjios

Inclinar y estirar

Cuando fotografíe calles o motivos arquitectónicos trate de captar imágenes desde abajo, ¡incluso desde el mismo suelo! Este enfoque ofrece una perspectiva de lo familiar que sus seguidores raramente ven. Cuando se prueban diferentes ángulos de repente se ven elementos compositivos que no resultan visibles desde una posición normal. También puede aprovechar reflejos en charcos, señales de tráfico horizontales, edificios y otros elementos para que sus imágenes resulten más impactantes.

La historia de Nathalie

Vivo en París y trabajo como directora artística en comunicación visual. Hace cinco años descubrí el universo fotográfico de Instagram, que me introdujo en la pasión por la fotografía y en una comunidad extraordinaria de gente adorable. Soy fotógrafa de calle; me gusta captar momentos de la vida diaria. Para mí, París es un parque de juegos grande con pequeños distritos, todos ellos muy diferentes entre sí; un lugar mágico de arquitectura, monumentos y cafeterías.

Rodéese de creatividad

Labrarse un camino en Instagram se basa en a quién sigues y en la creatividad de sus imágenes. Sigo a personas que hacen cosas que yo no soy capaz, lo que me permite aprender de ellas. Esta fuente de inspiración ayuda a mantener la motivación y aporta ideas sobre qué fotografiar y sobre el siguiente motivo. También es muy importante hallar fuentes de inspiración más allá de esta aplicación. Visite galerías, librerías y exposiciones. Esto le revelará diferentes formas de creatividad y le permitirá añadir algo fresco y nuevo a Instagram.

La historia de Edward

Descargué Instagram poco después de su lanzamiento y lo utilicé para compartir fotografías de alimentos y objetos que había en casa. Las cosas cambiaron cuando empecé a seguir a fotógrafos realmente buenos afincados en Londres. El plan era no convertirme nunca en un «Instafamoso». Solo quería llegar a ser un buen fotógrafo. Trabajar con marcas era algo que nunca se me había cruzado por la cabeza hasta 2014, cuando un compañero de Instagram me pidió implicarme en una campaña de Barbour. Todo creció desde ese momento.

@EDWARDKB
Edward Barnieh
Seguidores: > 155.000

Fuentes de inspiración:
@samalive
@vdubl
@_visualmemories

Ríndase a sus impulsos

Obedezca a sus deseos. Aquellos que encuentra irresistibles. Aquellos que son inofensivos. Aburrimiento, hastío, soledad... creo que todos sentimos estas cosas mucho más cuando suprimimos y nos privamos de pequeños placeres. ¿Por qué todo ha de tener un propósito? ¿Por qué todo ha de significar algo? ¿Qué es aquello que le encanta? Busque su propia version de *breadfacing* (restregar la cara contra una barra de pan, nueva tendencia en Instagram), y no lo haga por los «me gusta» que pueda conseguir o por hacerse famoso en internet. Ni siquiera tiene que hacer una fotografía. Hágalo por el simple disfrute de la acción en sí misma, y hágalo a menudo. Se sentirá mejor, y si la gente empieza a conectar con la idea, ¿no es acaso también una buena sensación?

La historia de Bread Face

Sé que esto puede ser decepcionante, pero abrí una cuenta en Instagram porque pensé que conseguiría hacer reír a alguien, y eso es todo. Comencé captando mucha atención en internet, lo que al principio me produjo ansiedad, así que no fui mucho más allá. De hecho, solo mis amigos más próximos conocen mi identidad. Por consecuencia la gente ha sentido todavía más curiosidad. Hay personas que siempre me dan consejos sobre cómo rentabilizar mi cuenta y evolucionar, pero no quiero que se convierta en algo que sienta como una obligación. Quiero escribir más y quizás fabricar unas chaquetas bonitas, pero por ahora me centro en restregar la cara en pan y en aceptar las donaciones que la gente me envía. Solo quiero divertirme.

@BREADFACEBLOG
Bread Face
Seguidores: > 85.000

Fuentes de inspiración:
@cool3dworld
@lazymomnyc
@_monica

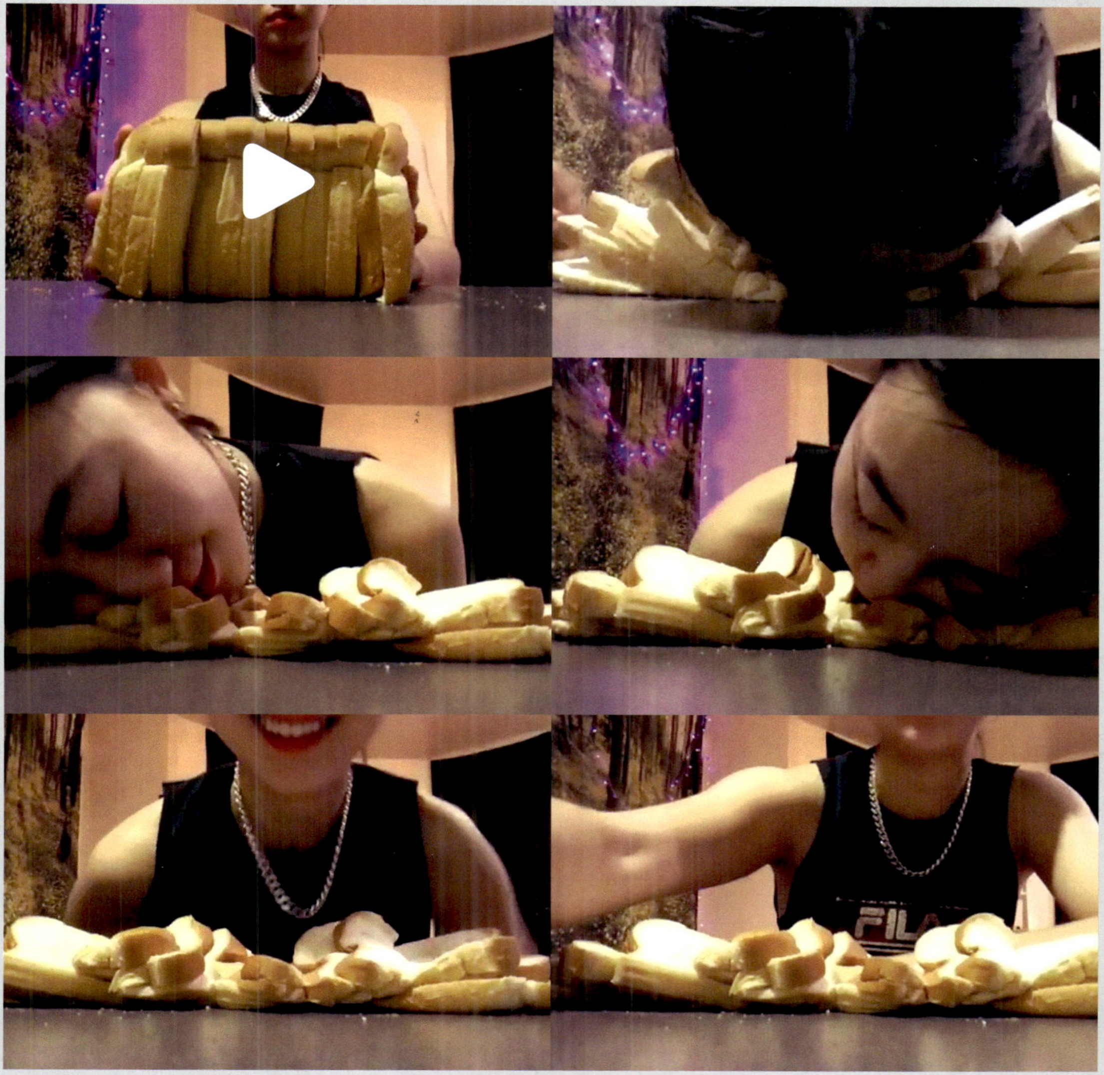
FILA

@SALLYMUSTANG
Sally Mustang
Seguidores: > 245.000

Fuentes de inspiración:
@charcoalalley
@mitchgobel_resinart
@wolfcubwolfcub

Consiga que sus fotografías digan más que mil palabras

Considere las redes sociales como un enorme escaparate de creatividad: un lugar donde puede mostrar su estilo de vida de un modo imaginativo para inspirar a otras personas. Personalmente, trato de utilizar todos los aspectos de mi creatividad cuando subo imágenes, desde el movimiento del cuerpo hasta la moda y el estilo, trabajos artísticos, temas de color y escritura creativa. Tampoco subestime el poder emotivo de las descripciones. Me esfuerzo mucho en los textos que acompañan a mis imágenes. El aspecto visual tiene una importancia definitiva, pero siento que mis seguidores conectan conmigo y entienden la historia completa mediante los pies de foto.

La historia de Sally

Como artista, yogui, *influencer* (usuario influyente en Instagram) y errante habitual, soy esencialmente una aventurera, y me apasiona ser creativa. A través de Instagram quiero enseñar a la gente a ser feliz. Quiero recordarle la importancia de amar la naturaleza. Quiero dejar algo de color en este mundo y seguir siendo multifacética. Mi libertad es importante. No quiero conocer la respuesta a la pregunta «¿Qué estaré haciendo dentro de cinco años?».

Simetría

La gente se siente inmediatamente atraída por el orden en una composición. El formato cuadrado conduce a la creación de fotografías simétricas con líneas verticales y horizontales. Cuando se fotografían fachadas, normalmente se mira el edificio hacia arriba. Esto significa que la perspectiva hace que las líneas converjan, lo que a veces está bien, pero generalmente provoca la pérdida del impacto que genera la superficie. Yo corrijo esta distorsión con la aplicación SKRWT. Para hacer esta fotografía incliné la cámara hacia arriba, pero nadie lo diría porque todas las líneas verticales están paralelas. Es como si me pusiera una mochila-cohete y fotografiara el edificio desde el aire.

La historia de Dirk

Descubrí Instagram en el momento oportuno. Había perdido el trabajo debido a una enfermedad, y mi cuenta en Instagram me proporcionó la creatividad y la energía que tanto necesitaba. Cada día practico el «ciclismo fotográfico», que mantiene mi cuerpo en movimiento e impulsa mi creatividad. Gracias a mi experiencia en el campo del diseño gráfico me gusta captar las «líneas» de la ciudad. Veo una fuerte conexión entre la fotografía de arquitectura y el diseño gráfico. Todo es una cuestión de formas, volumen, diseño, patrones y organización. Como miembro fundador de **@SEEMYCITY** e *influencer*, tengo la oportunidad de viajar a lugares que de otra manera nunca habría visitado. Estoy muy agradecido a Instagram por haberme puesto en marcha de nuevo.

@MACENZO
Dirk Bakker
Seguidores: > 375.000

Fuentes de inspiración:
@cimkedi
@cityzen63
@serjios

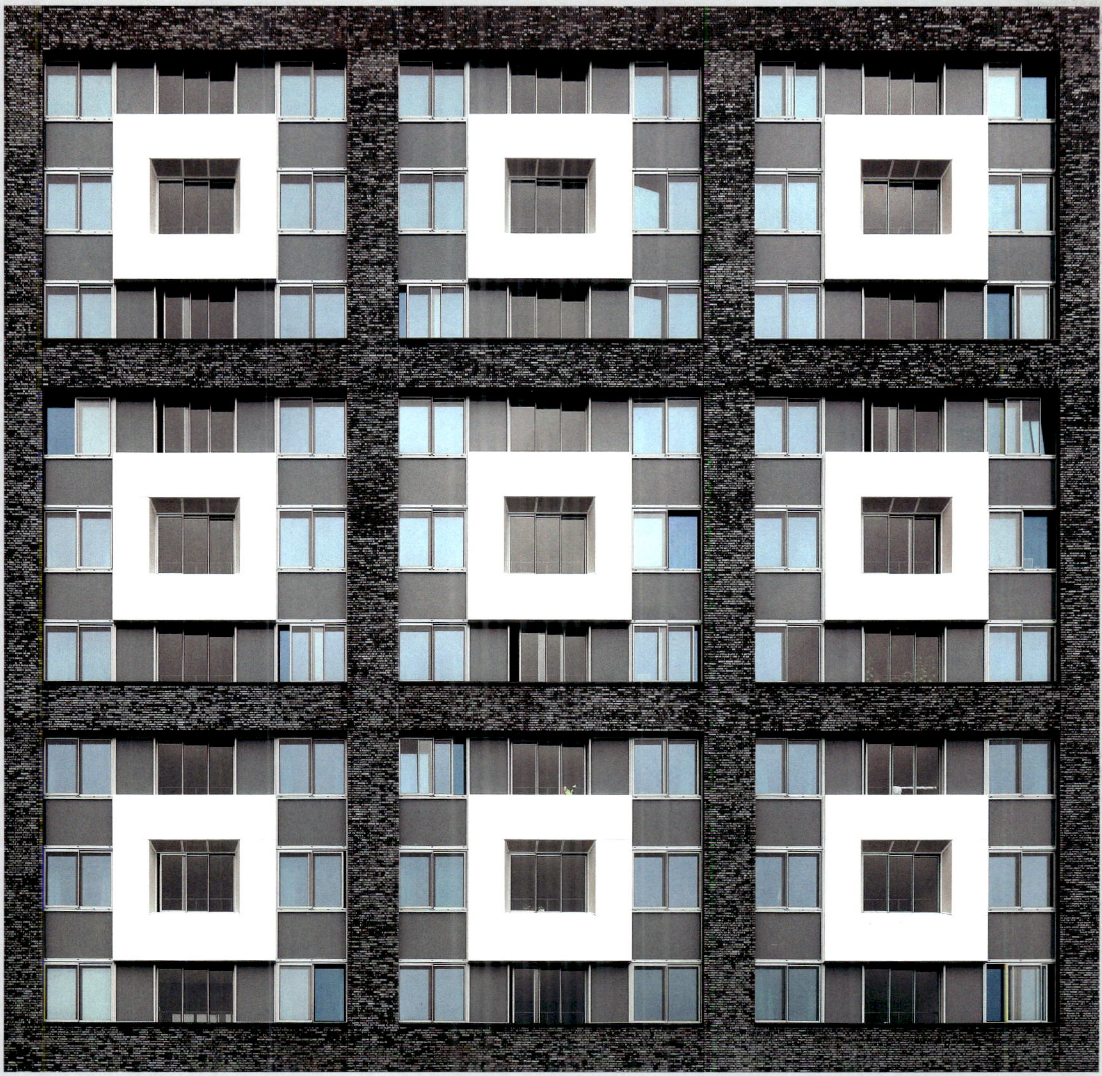

Efectos de Instagram

La coherencia es la clave para refinar el estilo visual. Estos son algunos efectos esenciales incluidos en el botón «Edición». Recuerde que cuando se trata de editar, ¡menos es siempre más!

Ajustar

Recorte la imagen y ajuste el ángulo de inclinación. Pulsando el símbolo de cuadrícula se superponen líneas de guía para enderezar la imagen.

Brillo

Sistema rápido para iluminar u oscurecer la imagen. No proporciona ningún control creativo, por lo que es preferible evitarlo.

Contraste

Otra herramienta de ajuste rápido para aclarar las luces y oscurecer las sombras. Mejor evitarla.

Estructura

Añade detalle y textura a la imagen. Utilice valores bajos para evitar un aspecto artificial.

Calidez

Utilice este regulador para aumentar o reducir la calidez de la imagen. Un ligero ajuste supone una gran diferencia.

Saturación

Incrementa o reduce la intensidad de los colores. También sirve para convertir la imagen a blanco y negro; evite saturar los colores en exceso.

Color

Sistema para añadir color a las sombras o a las luces de la imagen. Los cambios pueden resultar muy evidentes.

Atenuación

Suaviza la imagen añadiendo una capa de «velo».

Luces

Sirve para aclarar las zonas con más brillo. Es una alternativa mejor que la herramienta Contraste.

Sombras

Oscurece las sombras. Es una alternativa preferible a la herramienta Contraste.

Viñeteo

Este regulador permite añadir una pequeña cantidad de sombreado en la periferia de la imagen para poner énfasis en la zona central.

Enfocar

Añada siempre una pequeña cantidad de enfoque en la etapa final de edición; potencia sutilmente la imagen en la pantalla de los *smartphones*.

Aplicaciones de edición

Aunque Instagram ofrece herramientas de edición, no se pueden comparar con algunas aplicaciones específicas de programas independientes. En este libro se han incluido las preferidas por muchos gurús de Instagram.

VSCO

Está considerada una de las mejores aplicaciones de edición. La variedad de herramientas que ofrece, filtros que simulan la apariencia de película fotoquímica y una interfaz intuitiva, facilitan la creación de imágenes impactantes. Las herramientas de edición son muy fáciles de utilizar.

Darkroom

La aplicación más próxima a un programa de edición para ordenador, pero en el teléfono. Darkroom es una excelente opción si lo que busca es tener todo el control sobre la apariencia de la imagen.

PicTapGo

Incluye una amplia variedad de filtros y efectos que proporcionan un resultado agradable y sutil. Tiene las características básicas de edición de otras aplicaciones, pero permite al usuario mejorar la luz y ajustar la intensidad de cada filtro mediante la superposición de capas.

Snapseed

Es una de las aplicaciones más antiguas para editar imágenes en *smartphones*. Proporciona multitud de consejos y trucos para editar fotografías. Antes de empezar a subir imágenes es necesario practicar, pero existen muchos tutoriales de ayuda en línea.

SKRWT

Muy apreciada por los fotógrafos de arquitectura, esta aplicación es una de las mejores para corregir la perspectiva. SKRWT ayuda a corregir la distorsión óptica y la perspectiva, y también los ángulos. Es fácil de utilizar, por lo que vale la pena aprovechar sus posibilidades.

Cortex Camera

Es la aplicación ideal cuando se toman fotografías con poca luz. El programa toma varias fotografías con diferentes valores de exposición y luego las apila en capas. Es una aplicación sencilla que, a diferencia de otras, se utiliza para captar imágenes. También permite exportar imágenes a otras aplicaciones para hacer ajustes adicionales.

Ráfagas de entusiasmo

Fotografiar a mi hija puede ser una tarea difícil. Es un torbellino de color y caos. No hay forma de engatusarla para que adopte una pose determinada, así que ajusto mi iPhone en el modo Ráfagas, dejo que la niña haga lo que desee y estoy atenta para captar los mejores momentos. Este es un buen truco para fotografiar cualquier objeto en movimiento; lo importante es captar la imagen. Como cualquier otro fotógrafo, a veces necesito hacer algunos ajustes, como eliminar elementos molestos del fondo. Para mí lo principal es retratar a mi hija en todo su esplendor.

La historia de Sara

Mientras estaba embarazada de mi primer hijo desarrollé un proyecto que consistía en hacer una fotografía cada día. Para mí, la fotografía siempre ha sido una afición, pero no tenía el tiempo o la energía para trastear con mi DSLR, así que me decanté por mi iPhone. En cuanto puse en marcha el proyecto mi público comenzó a crecer rápidamente, y tras unos pocos meses ya tenía 35.000 seguidores. Tres años después dejé mi trabajo en el NHS (National Health Service) y ahora soy fotógrafa *free lance*, *iPhoneógrafa* y escritora. Es una carrera con la que siempre había soñado, pero sin la ayuda de mis seguidores de Instagram y mis amigos nunca habría tenido la autoconfianza o la oportunidad de que sucediera.

@ME_AND_ORLA
Sara Tasker
Seguidores: > 130.000

Fuentes de inspiración:
@mimi_brune
@rrrroza
@searchingfortomorrow

@KIKI_SUNSHINE
Ekaterina Kolenbet
Seguidores: > 70.000

Fuentes de inspiración:
@chriscreature
@mimielashiry
@zarinakay_

Cuente historias reales

La función Historias de Instagram resulta excelente para expresar emociones y experiencias. Déjese llevar y diviértase. Utilícela para captar momentos reales. Existen muchas cuentas de Instagram que tienen un aspecto demasiado perfecto, y al final del día resulta aburrido ver «la vida perfecta» de alguien todo el tiempo. Conserve la realidad, pero no exagere. Acuérdese de que las historias son una extensión de su identidad en Instagram, así que asegúrese de que sus relatos sean inspiradores y positivos, y no suba nada de lo que se pueda arrepentir, especialmente si quiere atraer la atención de las marcas.

La historia de Ekaterina

Nací y crecí en Tashkent, Uzbekistán, donde fui a la universidad y me gradué en ciencias económicas. Siempre me interesaron diferentes formas de autoexpresión, como el arte, la moda y la fotografía, así que me desplacé a Tailandia en busca de un nuevo comienzo. Allí decidí dedicarme por completo a mis aficiones creativas. Estudié diseño de moda durante tres años en Bangkok y después viajé a Italia, donde desarrollé mi estilo y tono de voz personales. Actualmente vivo en Nueva York y hago fotografías en digital y en película.

@OVUNNO
Oliver Vegas
Seguidores: > 410.000

Fuentes de inspiración:
@marcogrob
@danrubin
@dave.krugman

Inclúyase en la fotografía

Consiga que la gente sienta que se puede transportar a sus imágenes. Añadir una parte de uno mismo en la escena ayuda. Coloca al espectador dentro de su cabeza, de forma que puede mirar a través de sus ojos. No importa lo lejos que estén del público los lugares que fotografía; este enfoque permite sentir a la gente algunas de las emociones que experimentó cuando estaba allí.

La historia de Oliver

Estoy en Instagram desde 2011, aproximadamente. Empecé compartiendo mis viajes, y mi cuenta fue creciendo poco a poco. A la gente le gustaba ver mi punto de vista personal porque la transportaba a otro lugar y le permitía sentir lo mismo que yo cuando hacía las fotografías. Mi cuenta me ha proporcionado muchas más oportunidades de trabajo, puedo visitar nuevos lugares y conocer a nuevas personas. Si me pregunta lo que esto significa para mí, diría que es captar, sentir y transmitir.

El *flat lay* perfecto

Organizar una composición *flat lay* (una especie de bodegón fotografiado con perspectiva cenital) es un modo infalible para crear una imagen que resulte atractiva al público. Coloque objetos cerca de una ventana con mucha luz natural. ¡Esa es la clave! También, busque superficies atractivas que complementen a los objetos y proporcionen mucho espacio. Piense detenidamente en la composición. Tenga en cuenta el espacio entre los objetos y si algunos de ellos deberían superponerse. Mantenga el teléfono completamente plano para evitar un encuadre inclinado. Con los *smartphones* resulta útil usar la función de cuadrícula.

La historia de Hal

Cuando descargué Instagram hace cuatro años no tenía ni idea de que activaría mi pasión por la fotografía o que me permitiría entrar en contacto con algunas de las personas más increíbles que he conocido. Compartir mi trabajo como fotógrafo e ilustrador en mi cuenta y recibir opiniones me anima a continuar subiendo imágenes y a ser yo mismo. Con independencia de si echo un vistazo a los *flat lays* de desayunos de **@ALICE_GAO** o disfruto con los viajes por Nueva York de **@VISUALMEMORIES_**, Instagram me sirve de inspiración para viajar, comer y fotografiar.

@HAL_ELLIS_DAVIS
Hal Ellis Davis
Seguidores: > 55.000

Fuentes de inspiración:
@emmajanekepley
@_janekim
@milenamallory

17

5

@ALADYINLONDON
Julie Falconer
Seguidores: > 100.000

Fuentes de inspiración:
@candidsbyjo
@urbanpixxels
@jessonthames

Represente bien su ciudad

Si hace fotografías de su ciudad para subirlas a Instagram, asegúrese de representarla con una amplia variedad de temas. A todo el mundo le gustan las fotografías del Big Ben, pero a veces las imágenes de calles poco conocidas o de detalles de Londres despiertan más curiosidad. Si su público considera que está descubriendo algo nuevo sobre una ciudad, ya sea la suya propia u otra más exótica, se sentirá más motivado para continuar mirando el contenido de su cuenta.

La historia de Julie

Nací en San Francisco y me trasladé a Londres en 2007, donde creé mi blog, *A Lady in London*. Me metí en Instagram por sugerencia de una amiga que me aseguró que me encantaría, y así fue. Me ha motivado a salir y a explorar Londres y el resto del mundo, y a captar imágenes de lugares que me encantan. Ha sido realmente motivador recibir comentarios inmediatos de mis seguidores. Resulta sorprendente descubrir y conectar con otras personas que comparten mi pasión por Londres y por los viajes. Para construir mi blog, que ha sido un trabajo a jornada completa desde 2010, he viajado a más de 100 países y compartido fotografías de muchos de ellos en Instagram.

Hashtags, ¿sí o no?

Posiblemente no le habría preocupado a Hamlet, pero para los aspirantes de Instagram esa es sin lugar a dudas la cuestión. Por un lado, los *hashtags* pueden ayudarle a alcanzar puestos de cabeza; por el otro, pueden ser su peor pesadilla.

Desactivar la privacidad

En primer lugar, asegúrese de que su cuenta no está configurada en modo privado. Si lo estuviera, los *hashtags* carecerían de sentido, pues solo la gente que le sigue podría verlos.

Elija con sentido común

El propósito de añadir *hashtags* no es conseguir la máxima audiencia posible, sino lograr la audiencia más relevante. Supongamos que se encuentra en Hoxton, el centro *hipster* de Londres. Etiquetar la imagen como **#LONDON** le proporcionará varios «me gusta» instantáneos, pero carecerán de significado porque el término «Londres» es demasiado amplio. En lugar de ello, *hashtags* como **#HOXTON**, **#OLDSTREET** o **#THEHOXTON** atraerán más participación de los que piensan parecido. La fotografía también perdurará más tiempo porque se encontrará en un grupo de imágenes más pequeño, más relevante.

Actúe con moderación

Por lo general, es más que suficiente añadir uno o dos *hashtags* bien escogidos. Sí, cuantos más *hashtags* utilice más «me gusta» puede conseguir, pero la gente verá que esos «me gusta» provienen de los *hashtags* y no de personas que están genuinamente interesadas en su contenido. También, utilizar muchos *hashtags* da la impresión de estar un poco desesperado, especialmente si son muy generales.

No sea predecible

Evite copiar y pegar el mismo conjunto de etiquetas genéricas en todas las imágenes que sube. Esto solo conseguirá que sus imágenes estén incluidas en el mismo grupo, en lugar de dispersarse para llegar a un público más amplio. Utilizar los mismos *hashtags* todo el tiempo también crea la impresión de que no está realmente vinculado a sus imágenes, y entonces, ¿por qué debería sentirse vinculado alguien más?

No deje de revisar

La popularidad de los *hashtags* sube y baja. Es bueno utilizar nuevos *hashtags*; así transmitirá que es uno de los primeros fotógrafos en utilizarlos, en lugar de un simple seguidor. Si su cuenta tiene un tema muy específico, fíjese en todos los *hashtags* que sean relevantes y estudie cuándo los puede utilizar.

Asegure la jugada

Considere el uso de una variedad de etiquetas cuando suba una imagen. Por ejemplo, podría elegir tres etiquetas relevantes, una muy popular, otra algo menos y una tercera que sea bastante especializada. Esto le permitirá cubrir todas las bases. Su imagen se beneficiará de una mayor atención inicial, y luego conservará su popularidad un poco más de tiempo.

Menos visibilidad

Los pies de foto captan la atención del espectador, especialmente cuando describen una experiencia o una historia relacionada con la imagen. Los *hashtags* tienden a ser funcionales y un poco desagradables. Por ello, en lugar de incluirlos en el pie de foto, añádalos en un comentario. De esta forma «desaparecerán» cuando la imagen reciba más comentarios.

Creatividad

El procedimiento más obvio es añadir un *hashtag* al tema de la imagen como **#SEA**. Pero también se pueden utilizar *hashtags* más emotivos que guarden relación con la atmósfera de la imagen. Esta es una de las razones por las que **#FOLLOWME** adquirió tanta importancia. Refleja una actitud o un sentimiento, más que algo literal.

Cree uno propio

Si quiere crear un proyecto o un tema dentro del conjunto de imágenes que sube, cree su propio *hashtag* para que sus seguidores puedan filtrar rápidamente el contenido; **@SEJKKO** (*véase* pág. 108) lo hace con la etiqueta **#SEJKKO_LONELYHOUSE**. Si su *hashtag* es además emotivo, verá que otras personas lo copiarán y lo empezarán a utilizar en las imágenes que suban a Instagram. En este caso, vale la pena incluir el *hashtag* en su perfil biográfico, de forma que sea reconocido como su creador.

Weekend Hashtag Project

No se olvide de que cada fin de semana Instagram lanza su propio proyecto *hashtag*. Es una buena oportunidad para relacionarse con un público más amplio —¡incluso puede ser seleccionado por Instagram HQ y convertirse en usuario sugerido!

Fotografía de moda integral

@GABIFRESH
Gabi Gregg
Seguidores: > 400.000

Fuentes de inspiración:
@theashleygraham
@nadiaaboulhosn
@misslionhunter

Un retrato de cuerpo entero no lo representa totalmente. Piense en el fondo y en la relación que guardan los colores y las formas con la ropa que viste. Los fondos limpios y coloridos son buenos para que la ropa destaque, pero un fondo de ladrillos o de plantas puede ayudar a realzar los tejidos y el color. Yo trato de evitar la luz dura porque es demasiado contrastada y poco favorecedora para la piel. Busque lugares a la sombra, donde la luz es más suave. Mire directamente a la cámara para imprimir carácter al retrato, o desvíe la mirada para adoptar una actitud informal. Finalmente, trate de buscar fondos interesantes a los que pueda regresar más adelante.

La historia de Gabi

En 2008, creé mi blog, gabifresh.com, sobre reportaje de moda. Como carecía de experiencia pensé que el blog podría ser una excelente plataforma para mostrar mi habilidad con la escritura y mi pasión por la moda. En 2011, abrí una cuenta en Instagram, y ahora ambas plataformas se han transformado en mi blog de estilo personalizado. Creo que mi popularidad proviene del hecho de que mis consejos sobre moda consisten básicamente en «ignorar las reglas de la moda». Creo que lleno un vacío en el mundo de la moda dedicado a las mujeres jóvenes con una talla por encima de la 42.

Cree un espacio amplio

Aunque ahora Instagram permite subir fotografías en cualquier formato, sigo buscando bordes característicos y con fuerza, que proporcionan más espacio e importancia a las imágenes. Dicho esto, los bordes pueden hacer que el conjunto de las fotografías adquiera una apariencia desordenada o irregular. Pruebe la aplicación Whitagram. Ordene las imágenes ajustando en todas ellas las mismas proporciones. En mi cuenta subo imágenes con formato horizontal y vertical alternativamente, pues considero que esta disposición mejora la atmósfera y el impacto visual del conjunto.

La historia de Nicole

Abrí mi cuenta en Instagram justo cuando apareció. Hacer fotografías con un iPhone era algo relativamente nuevo, y me entusiasmaba la idea de disponer de un sistema accesible para subir y compartir imágenes. Utilizo Instagram para seguir a artistas y marcas con ideas semejantes a las mías. Empecé poco a poco pero sin pausa. Figurar en la lista de usuarios recomendados me ayudó a incrementar el número de seguidores. Ahora colaboro con una serie de marcas y compañías de turismo.

@NICOLE_FRANZEN
Nicole Franzen
Seguidores: > 195.000

Fuentes de inspiración:
@jaredchambers
@salvalopez
@schonnemann

@KATIA_MI
Ekaterina Mishchenkova
Seguidores: > 545.000

Fuentes de inspiración:
@anasbarros
@audiosoup
@civilking

Hable el lenguaje de sus seguidores. Literalmente

Si el inglés no es su idioma materno, entonces es importante que decida qué idioma va a utilizar en Instagram. Los dos idiomas principales que entienden mis seguidores son el inglés y el ruso. Es por ello que utilizo ambos para escribir los pies de foto de mis publicaciones. Si la gente no entiende lo que uno dice, entonces es difícil contar con su apoyo, ¡y difícil conseguir nuevos seguidores! Esto es especialmente importante si quiere sumar usuarios y atraer la atención de marcas internacionales.

La historia de Ekaterina

Trabajo como directora artística y estratega en redes sociales. En 2012 abrí mi primera cuenta en Instagram, **@KATIA_MI**, que está dedicada al arte y al diseño conceptual. Después de un tiempo abrí otra cuenta, **@KATIA_MI_**, que está centrada en los viajes y la moda. Para mí, lo más importante de la popularidad en Instagram no es la fama, sino la posibilidad de hacer nuevos amigos en todo el mundo. La popularidad ofrece la oportunidad de cruzar fronteras y de conectar con personas apasionadas por la narración visual de historias.

¡Colabore!

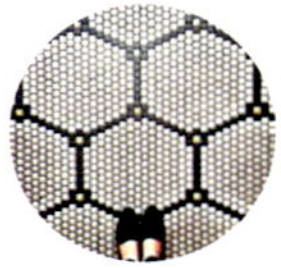

@IHAVETHISTHING WITHFLOORS
Edith, Josha y Pien
Seguidores: > 720.000

Fuentes de inspiración:
@ad_magazine
@jean_jullien
@mariestellamaris_official

Crear y gestionar una cuenta de éxito en Instagram puede ser un trabajo arduo. Sin embargo, no tiene por qué hacerlo indivdualmente. Pruebe a abrir una cuenta con algunos amigos que compartan sus mismos intereses. ¡Es más divertido! Nosotros tres compartimos el mismo entusiasmo por nuestra cuenta, pero siempre hay ocasiones en las que uno de nosotros necesita un momento de descanso. En ese caso, los otros dos se encargan del «trabajo». Creamos un grupo de WhatsApp para comunicarnos entre nosotros. No nos preocupamos mucho sobre quién será el próximo en subir una imagen. Simplemente comprobamos el día de la última entrada para ver si es el momento de subir otra imagen. Todo fluye de forma natural.

La historia de Edith, Josha y Pien

Abrimos nuestra cuenta en junio de 2014 en un bar de Amsterdam. El suelo era muy bonito, y descubrimos que los tres sentíamos la misma inclinación por la estética de los suelos. Hablamos de compartir nuestras fotografías de suelos en nuestra nueva cuenta de Instagram, y finalmente decidimos convertirla en una plataforma social para personas de todo el mundo. Nuestro número de seguidores creció de forma increíble con mucha rapidez, y recientemente nuestra cuenta ha sido etiquetada y citada por blogueros, revistas y celebridades, como Reese Witherspoon. Ha habido muchos puntos álgidos, pero el más relevante fue alcanzar los 500.000 seguidores quince meses después de haber creado la cuenta.

100
120
140

@KITKAT_CH
Martina Bisaz
Seguidores: > 205.000

Fuentes de inspiración:
@brahmino
@daniel_ernst
@ravivora

¿Dónde se encuentra?

Las geoetiquetas son uno de los mejores sistemas para que una entrada mantenga el interés de los seguidores durante un período de tiempo. Cuando viajo las utilizo para crear un tipo de diario, que me permite recordar los nombres de los lugares que he visitado. Otra razón para utilizar geoetiquetas es porque aumenta las posibilidades de que la gente encuentre una fotografía cuando realiza una búsqueda por ubicación. Incluso si se encuentra en su propio vecindario, el uso de geoetiquetas le ayudará a conseguir un grupo local de seguidores. Aparte de esto, las geoetiquetas documentan un lugar a lo largo del tiempo, y el fotógrafo puede formar parte del registro.

La historia de Martina

Nací y crecí en los bellos Alpes suizos. La naturaleza y las montañas siempre han sido una parte importante de mi vida, pero mi trabajo en un departamento de arqueología me obliga a vivir en Zúrich desde hace diez años. También me encantan los automóviles clásicos, una afición que viene de familia. Nunca pierdo la ocasión de regresar a las montañas los fines de semana, siempre que puedo en uno de mis preciosos vehículos antiguos. Desde que descubrí Instagram la fotografía se ha convertido en mi tercera pasión, junto con los automóviles y viajar. Esta nueva afición me permite crear un registro de las otras dos.

Cuide a sus seguidores: los hechos

Pues sí, es cierto que hay que aprender a hacer buenas fotografías y a ser agradable con los compañeros de Instagram. Pero por sí solo, esto no será suficiente para llegar a lo más alto. A continuación, figuran unos cuantos aspectos de la fría y cruda realidad que sí le ayudarán.

12,6 %

Más compromiso cuando la entrada incluye al menos un *hashtag*.

36 %

Más compromiso con las fotografías que con los vídeos.

38 %

Más «me gusta» cuando la fotografía incluye una persona o una cara.

56 %

Más compromiso cuando se incluye la referencia de otro usuario en una entrada.

79 %

Más compromiso cuando se geoetiqueta una entrada.

Fotografíe un sentimiento

Captar un estado de ánimo o un sentimiento concretos y mantener un estilo coherente en todas las imágenes puede tener tanta fuerza visual como un tema específico, como paisajes o alimentos. La gente le seguirá porque sus imágenes transmiten sentimientos. Les pueden ofrecer un momento de evasión al final de un duro día de trabajo o alegrarles el día de buena mañana. Personalmente, fotografío flores, alimentos, paisajes, bodegones y accesorios. Los temas son muy diferentes, pero la iluminación, la exposición, el enfoque y la composición ayudan a crear un conjunto coherente. También utilizo diversas cámaras, no solo mi teléfono. Incluso a veces utilizo una cámara de película.

La historia de Naomi

Trabajo como farmacéutica, pero me encanta la fotografía. Abrí mi cuenta en Instagram en octubre de 2010. Quería captar mi amor por la luz natural, además de bellos momentos en la naturaleza. Supongo que mi cuenta tiene una apariencia muy japonesa, pero solo el 10 % de mis seguidores vive en Japón. Eso es lo que me gusta de Instagram: me conecta con gente de diferentes culturas en todo el mundo.

@NA01223
Naomi Okunaka
Seguidores: > 280.000

Fuentes de inspiración:
@wagnus
@utopiano

@NALA_CAT
Varisiri Methachittiphan (mamá de Nala)
Seguidores: > 3 millones

Fuentes de inspiración:
@catsofinstagram
@cats_of_instagram
@white_coffee_cat_

Pensamientos animales

Una de las cosas más populares de mi página son los accesorios que mi mamá me pone para hacer las fotografías. Aunque mi mamá me dice constantemente que es normal que los gatos lleven sombrero, me cuesta bastante creerla. Ya no me importa porque lo llevamos haciendo desde hace un tiempo y las fotografías son buenas. Pero quiero asegurarme de que cualquiera que tenga pensado utilizar accesorios o colocar algo a su mascota, primero compruebe de que no le resulta incómodo. Algunos de mis amigos me dicen que aunque les gustan mis sombreros a ellos no les gusta ponerse cosas en la cabeza. Prefieren un lazo y, definitivamente, no vestirse de árbol de Navidad.

La historia de Nala

¡Miau a todo el mundo! Me llamo Nala y soy una gata mezcla de siamés y común europeo. Tengo seis años, aunque no estoy del todo segura de cuándo es mi cumpleaños. Mi mamá me recogió de un refugio de animales cuando tenía unos cinco meses, en noviembre de 2010, así que supongo que nací en junio. No estoy muy segura de por qué me dejaron en el refugio, pero dicen que venía de una casa con demasiados gatos. Espero que mis amigos estén todos bien y que sean felices con sus nuevas familias, como yo. La gente ha comentado que le gusta mi cuenta de Instagram porque yo les ilumino el día cuando están decaídos. Supongo que por eso tengo tantos seguidores.

Espere a que la luz sea apropiada

@HELLOEMILIE
Emilie Ristevski
Seguidores: > 720.000

Fuentes de inspiración:
@alexstrohl
@lilyrose
@sejkko

El objetivo de la fotografía debería ser contar historias y captar momentos. Por ello es tan importante aprovechar la luz natural y fotografiar en momentos concretos del día. Utilice la luz para dictar la atmósfera de la imagen. Siempre me he sentido inclinada por la luz dorada de la mañana o de primera hora del anochecer. Su suavidad y la calidez de los colores hacen que todo brille. Sin embargo, la luz del sol es una de esas cosas sobre las que no se tiene ningún control, por lo que hay que organizarse bien. Planifique la sesiones fotográficas y luego espere hasta que la luz sea la adecuada. Esto marcará la diferencia.

La historia de Emilie

Vivo en la costa este de Australia. Soy fotógrafa, narradora de historias y me gusta vagabundear. Mi trabajo fotográfico se basa en la luz natural y la nostalgia, y procuro captar bellos momentos y contar historias por medio de las imágenes que registro. Instagram ha tenido un impacto muy positivo tanto en mi negocio como en mi vida personal. Me ha abierto una nueva gama de oportunidades para colaborar y desarrollar mi propia comunidad creativa en todo el mundo.

@DANIEL_ERNST
Daniel Ernst
Seguidores: > 245.000

Fuentes de inspiración:
@everchanginghorizon
@hannes_becker
@samuelelkins

Sea una persona sociable

Cuando navegue por mi página se dará cuenta de que la mayor parte de mis fotografías contienen un elemento humano. Siempre trato de colocar una persona en la mayoría de mis imágenes para proporcionar a los paisajes una sensación de escala, así como para que el espectador se imagine a sí mismo en la escena. Esto permite incluir publicidad de manera discreta para empresas de ropa. Cuando uno viaja solo puede actuar como modelo, pero un trípode y un cable disparador son absolutamente necesarios. ¡Todo esto permite conseguir excelentes *selfis*!

La historia de Daniel

Fotógrafo de aventura y viaje afincado en Alemania, constantemente en busca del momento perfecto. Mis imágenes son un reflejo de mis pasiones: un estilo de vida al aire libre y un espíritu de aventura. Quiero inspirar a la gente a escapar de sus rutinas, a salir al aire libre, a explorar y experimentar la naturaleza. Empecé a utilizar Instagram como una herramienta para conectar con personas más que para promocionar mi trabajo. Sigo utilizándola del mismo modo, pero ahora también me proporciona la oportunidad de contactar con marcas.

Practique la creatividad

Si desea explorar dos temas muy diferentes en Instagram, abra una segunda cuenta. Yo lo hice porque mi cuenta principal era una galería de imágenes. Es una buena idea tener una segunda cuenta en Instagram en la que no haya que preocuparse mucho de cuándo y qué se sube, lo que puede suponer una presión cuando se ha construido una cuenta principal de éxito. Vaya a Cuentas vinculadas en los ajustes para añadir otra cuenta.

La historia de Kim

Nací en Suiza, pero actualmente estudio fotografía en Londres y viajo por todo el mundo. Instagram cambió completamente mi vida el día que abrí una cuenta en 2011. Me abrió los ojos a la belleza que había a mi alrededor. Me permitió compartir una parte de mi personalidad que desconocía poseer, y ser más creativa y segura. Como me he trasladado a otro país, mi viaje por Instagram se ha convertido en algo todavía más especial gracias a los contactos y amigos que he hecho por medio de la aplicación.

@KIM.OU
Kim Leuenberger
Seguidores: > 115.000

Fuentes de inspiración:
@ali.horne
@josephowen
@whatalexloves

@5FTINF
Philippa Stanton
Seguidores: > 475.000

Fuentes de inspiración:
@kbasta
@mctoro_o
@ncour

Hágalo a su manera

Cuando una cuenta llega a cierto punto es inevitable que atraiga la atención de las marcas. Esto es estupendo, pues implica una fuente potencial de ingresos. Por supuesto, es difícil rechazar las oportunidades que se presentan, pero a veces no vale la pena hacer algo si no apetece o nos conduce en la dirección equivocada. Considero que trabajar con marcas es como producir obra artística por encargo: si quieren mostrar su producto en mi cuenta tienen que darme libertad creativa y no interferir en el proceso.

La historia de Philippa

Inicialmente estudié para actriz en la Royal Academy of Dramatic Art de Londres y me las arreglé para combinar la pintura y la interpretación durante más de diez años. Abrí mi cuenta en Instagram por curiosidad en febrero de 2011, y la idea de ser famosa ni siquiera figuraba en el horizonte. Nunca decidí sobre el tema; simplemente se me ocurrió mientras estaba sentada a mi mesa posponiendo las cosas. Instagram es como mi cuaderno de notas creativo; siempre está conmigo. Solo recientemente decidí que me representara un agente digital, pues prefiero crear a negociar, y como actriz, a lo largo de los años, me he acostumbrado a este tipo de relación.

Cómo convertirse en un usuario sugerido

Muchos de nuestros colaboradores alcanzaron la fama rápidamente porque Instagram los elevó al estatus sagrado de «usuario sugerido». Esto significa que **@INSTAGRAM** promociona a un usuario y lo sigue durante dos semanas. Instagram HQ guarda sus secretos, pero he aquí algunos de los que comparte. Gracias a ellos uno puede situarse en el trampolín hacia la fama.

«Aporte una perspectiva única a Instagram, compartiendo fotografías y vídeos motivadores y originales»

En otras palabras, busque su hueco y explótelo. Luego suba un contenido realmente bueno. Revise los consejos sobre composición que figuran en la página 36. No abuse de los filtros de efecto y no permita que una *selfi* hecha en un retrete estando borracho se infiltre en su cuidada colección de cafés capuchinos espolvoreados con cacao.

«Involúcrese activamente y ayude a cultivar la amplia comunidad de Instagram»

Básicamente, responda con sinceridad a los comentarios y aporte ideas auténticas sobre otros contenidos. Sea apasionado con el contenido de otros usuarios. Etiquételos en entradas y trate de ayudarlos a incrementar el número de sus seguidores. ¿Y por qué no se lanza y organiza un InstaMeet (reunión de usuarios de Instagram)? Mire lo que **@PHILGONZALEZ** dice sobre esto en la página 116.

«Inspire creatividad en compañeros de Instagram haciendo cosas como participar en un *Weekend Hashtag Project*[1] de Instagram»

Algunos halagos alcanzan una gran repercusión en Instagram HQ. Promocione lo que hace la comunidad Instagram implicándose en sus *Weekend Hashtag Projects*, y anime a sus seguidores a participar. Entre en el blog de Instagram y comparta cosas de interés en sus entradas. También puede crear su propio *hashtag* y animar a sus seguidores a utilizarlo, como **@IHAVETHISTHINGWITHFLOORS** (*véase* pág. 68) hizo con **#IHAVETHISTHINGWITHFLOORS**.

«Recuerde, solo destacamos a miembros de la comunidad que siguen las reglas generales de la comunidad»

En realidad, esto es de sentido común. Básicamente, evite subir imágenes de otras personas sin pedir permiso y sin citar su autoría; no envíe correo basura a otros usuarios; no suba nada demasiado conflictivo; sea agradable y evite la polémica. Y recuerde, Instagram HQ es bastante mojigato, así que si se va a desnudar, haga fotografías artísticas, como **@SALLYMUSTANG** (*véase* pág. 44).

1. Los *Weekend Hashtag Project* proponen una temática específica para que los usuarios de Instagram puedan aumentar su creatividad y dar a conocer sus obras.

Otras cosas que Instagram no dice

Si visita la página de usuarios sugeridos verá que queda claro que Instagram tiene un estilo concreto. Por supuesto, siempre hay excepciones a las reglas, y aunque Instagram no dice explícitamente estas cosas, a continuación figuran algunos consejos que vale la pena tener en cuenta.

No retoque excesivamente las imágenes

A Instagram HQ le gusta lo natural. Aunque proporciona filtros para jugar, no le gusta que los usuarios exageren su uso. Deje pasar unos minutos después de editar las imágenes antes de subirlas. Cuando vuelva a verlas, confíe en su reacción inmediata. Si considera que tienen un retoque excesivo, vuelva a editarlas con un enfoque más conservador.

Mantenga la pureza

Estadísticamente, Instagram HQ parece preferir la luz natural, la simetría, las composiciones limpias y las imágenes bien expuestas y luminosas. El espacio negativo es siempre un punto positivo.

Sea constante, pero no suba imágenes cada hora

No se ausente durante demasiado tiempo, y definitivamente no suba muchas imágenes al mismo tiempo. Esto no solo frustrará a sus seguidores, sino que también le dará una mala imagen a los ojos de Instagram.

No parezca desesperado

Utilizar un número excesivo de *hashtags* transmite desesperación. En lugar de ello, demuestre a Instagram que medita su contenido añadiendo *hashtags* con coherencia (no ejemplos genéricos, como **#VSCO** o **#FOLLOWME**)

Siga la tendencia actual

Lo artesano está de moda; «ir a mi aire» siempre parece fantástico. Hay que estar al tanto de la moda, pero también trate de buscar su propio estilo.

Cuidado con lo que desea

Cuando alguien se convierte en usuario sugerido se siente estupendamente porque durante unos cuantos días su cuenta de seguidores alcanza el cielo. Querrá salir y celebrarlo. Incluso podría sufrir delirios de grandeza y dejar de hacer caso a su madre simplemente porque «no está de moda». Pero al cabo de un tiempo su cuenta de seguidores empezará a bajar. Y rápido. Esto es normal, así que no se desanime. Solo asegúrese de mantener el nivel añadiendo contenido de calidad y dedicando tiempo a interactuar con sus nuevos seguidores.

Y finalmente

Sabrá cuando ha sido seleccionado como usuario sugerido porque Instagram HQ se lo hará saber con un mensaje directo. Por supuesto, puede declinar la oferta, pero si fuera a hacer algo así no estaría leyendo este libro, ¿verdad?

Sea activo

La clave para conseguir muchos seguidores nuevos es ser realmente activo en Instagram. Suba mucho contenido y asegúrese de seleccionar únicamente fotografías de alta calidad. Si tiene imágenes apropiadas, incluso puede subir contenido hasta cuatro o cinco veces al día. Solo asegúrese de distribuirlo de forma que no sature a sus seguidores. Cuantas más imágenes suba, más usuarios indicarán «me gusta», lo que significa que los seguidores de sus seguidores descubrirán su contenido y sus entradas, y posiblemente se añadirán a su lista. No se olvide de indicar «me gusta» ni de comentar las fotografías de otros usuarios que le parezcan interesantes.

La historia de Johan

Nací en Bélgica y soy fotógrafo de viaje autodidacta, apasionado de la naturaleza y de la vida al aire libre. A finales de 2013, dejé Europa y pasé dos años viajando por Australia y Nueva Zelanda. No tenía más objetivo que explorar con mi mochila, pero cuando **@NATGEOTRAVEL** y **@AUSTRALIA** empezaron a reenviar mis fotografías, las cosas se pusieron serias y la gente comenzó a seguirme. Desde entonces, mis fotografías figuran en los «me gusta» de *National Geographic Traveler*, el *Daily Mail, BuzzFeed, Mashable, Outside Magazine* y *Business Insider*.

@LEBACKPACKER
Johan Lolos
Seguidores > 330.000

Fuentes de inspiración:
@alexstrohl
@fursty
@markclinton

@LILYROSE
Lily Rose
Seguidores: > 225.000

Fuentes de inspiración:
@benjaminheath
@elizabethgilmore
@helloemilie

Convierta a sus seguidores en amigos

No tenga miedo de encontrarse con usuarios de Instagram en la vida real. Vaya a InstaMeets organizados para contactar con gente apasionada por las mismas cosas que usted. ¡Es una comunidad increíble! La mayoría de mis amigos más íntimos son personas que he conocido por medio de Instagram. Es por ello que me gusta tanto esta aplicación. Va más allá del concepto de red social y reúne a la gente en la vida real. Conocer instagramers con intereses comunes le inspirará a trabajar más y a creer en sus sueños.

La historia de Lily

Hace unos años dejé mi trabajo para viajar por el mundo. Cuando regresé a Francia, después de vivir una experiencia tan emocionante, me deprimí. Entonces apareció una fantástica aplicación que mantuvo ocupada mi mente. Descubrí la pasión por la fotografía y me enamoré de captar y compartir imágenes. Eso fue hace cinco años. Es de locos pensar que antes trabajaba en una óptica y que ahora sea fotógrafa de viaje. ¡Todavía hoy me sigue resultando difícil de creer!

Construya un estudio en casa

@PCHYBURRS
Peechaya Burroughs
Seguidores: > 95.000

La mayoría de mis fotografías están hechas dentro de casa. Solo necesito una pared blanca para el fondo y mucha luz natural. Es un escenario sencillo que proporciona a las imágenes una apariencia profesional. Tengo suerte de tener en casa ventanas grandes. Dependiendo de la orientación de las ventanas verá que la luz es mejor en diferentes momentos del día. En mi caso, es excelente durante la mañana hasta primera hora de la tarde, lo que me permite disfrutar de una calidad constante. Para reducir o suavizar las sombras coloco una lámina grande de color blanco en el lado contrario a las ventanas.

La historia de Peechaya

Empecé a utilizar Instagram en 2012 por pura curiosidad. Al principio, no era muy activa y no tenía un plan para el tipo de fotografía que ahora practico, pero creo que mis conocimientos de diseño gráfico pudieron tener cierta influencia en mi estilo. Con el tiempo, empecé a disfrutar tomando fotografías de objetos cotidianos. Me gusta cuando mi trabajo entretiene a la gente y forma parte de sus vidas diarias de alguna forma. Tengo dos niños pequeños y ellos son también una fuente enorme de inspiración. Instagram se ha convertido en una parte de mi rutina familiar y en un tema importante de conversación.

@CUCINADIGITALE
Nicolee Drake
Seguidores: > 555.000

Fuentes de inspiración:
@palomaparrot
@piluro
@samhorine

El momento apropiado

Creo que es importante subir contenido al ritmo de nuestra rutina diaria. Personalmente, no sigo un programa estricto, pero trato de subir imágenes cuando sé que la mayoría de mis seguidores está en línea. Una buena manera de pensar sobre esto es en términos de en qué lugar del mundo se encuentra la mayor parte de mi audiencia y cuál podría ser su rutina diaria. La mayoría de las personas revisa sus cuentas cuando se levanta y cuando se va a dormir. Para mí, subir contenido por la noche en Europa también significa decir buenos días a mi comunidad de seguidores en Estados Unidos.

La historia de Nicolee

Soy una chica de California aficionada a la narración de historias. Descargué Instagram en 2011 y utilicé la aplicación como un medio para explorar y aprender cosas sobre Roma, donde vivo desde 2009. Pensé que podría ser una forma excelente de compartir mis experiencias con amigos y familiares cuando regresara a Estados Unidos, pero entonces se convirtió en este sorprendente espacio creativo que utilizo todos los días. Diariamente me inspiro en las cualidades cinematográficas de Roma, la vida diaria y la nostalgia de la cultura estadounidense. Tengo un máster en Bellas Artes en la especialización de los nuevos medios de comunicación, y me encantan las bicicletas, las zapatillas Chuck Taylors desgastadas y los gestos de manos descriptivos.

COLD BEERS

@the_salty_blonde
Halley Elefante
Seguidores: > 315.000

Fuentes de inspiración:
@flynnskye
@h0tgirlseatingpizza
@folkrebellion

Ser uno mismo

Creo que ser una persona próxima y genuina siempre es favorable. Si se toma Instagram demasiado en serio se convertirá en un trabajo. También es importante ser original. Instagram está tan saturado que es necesario destacar y marcar una diferencia con el resto de usuarios. Yo soy mordaz y sarcástica, y me encanta la ropa y la cerveza, y eso es precisamente lo que la gente ve en mi página. ¡Ser uno mismo facilita mucho la vida! Y recuerde, nadie es perfecto (la perfección es aburrida), así que no hay necesidad de editar la página para que sea perfecta. No estamos aquí para conseguir que otros se sientan mal consigo mismos; se trata de inspirar a los demás.

La historia de Halley

Creé mi cuenta en marzo de 2014, después de que mi novio y yo nos mudáramos de Nueva York a Oahu. En esa época todavía era camarera, mi profesión durante una década antes de esta loca aventura. Estaba tan arruinada que solo vestía ropa antigua de mi armario, mezclando mi estilo neoyorquino con mi nuevo ambiente playero. Las fotografías las acompañaba de textos sencillos y divertidos. Antes de darme cuenta ya estaba ganando seguidores, y entonces fui consciente de lo mucho que me gustaba esta nueva afición. Pude dejar mi trabajo exactamente un año después de empezar con Instagram. Desde entonces he disfrutado de sorprendentes oportunidades y he viajado a lugares que nunca pensé que vería. De verdad, todavía tengo que pellizcarme.

Marque la diferencia

En Instagram uno ha de ser fiel a sí mismo y a lo que le hace feliz. Otras personas lo apreciarán. También es bueno ser diferente. Por ejemplo, yo quería utilizar el humor para comentar nuestras esperanzas y nuestros miedos capitalistas, y al mismo tiempo despertar la conciencia sobre la desigualdad entre gatos. **@CASHCATS** puede parecer una cuenta un poco tonta, pero su legado será todo el dinero que recaude para el cuidado de gatos abandonados. ¿Qué le preocupa, y cómo puede utilizar Instagram para marcar una diferencia?

La historia de Will

Cashcats es un espacio VIP en línea para los felinos más acaudalados del mundo. Abrí Cashcats.biz en enero de 2011, y hasta ahora he recibido más de 5.000 aportaciones de todo el mundo. Este aspecto global es una de las características más interesantes del proyecto. Mediante varias exposiciones de arte y venta de productos, mis seguidores me han ayudado a conseguir más de once mil quinientos dólares para obras de caridad a favor de animales de todos los Estados Unidos.

@CASHCATS
Will Zweigart
Seguidores: > 145.000

Fuentes de inspiración:
@fugazi_cat
@meowquarterly
@princesscheeto

Dinero, dinero, dinero

Vamos a ir al grano. ¿Cómo se puede crear una cuenta que capte la atención de las marcas? Exactamente, ¿cuáles son los acuerdos y cuánto dinero se puede ganar? Pedimos a Nia Fejsak, directora de marketing en una compañía líder en el mundo de la moda, que nos desvelara el secreto del lado más oculto de Instagram.

¿Cómo pueden los usuarios de Instagram incrementar sus posibilidades de que las marcas se fijen en ellos?

Las marcas buscan a alguien que tenga repercusión en su mercado objetivo. Por ejemplo, en el mundo de la moda esa persona debería ser una autoridad en el estilo y en los valores particulares de la marca. Asegúrese de que sus seguidores se sumergen en su mundo, pues las marcas realmente valoran esa conexión personal. Le recomendaría que haga una lista con sus marcas preferidas y, a medida que su cuenta vaya creciendo, tenga presente si el estilo de vida que muestra se corresponde con el de la marca.

No se olvide de considerar también las marcas al margen de su campo específico. Por ejemplo, una cuenta dedicada a productos alimentarios puede atraer la atención de marcas de moda y de viaje porque es un campo efectivo para dar a conocer sus productos a un nuevo público y reforzar sus valores.

¿Cuántos seguidores se necesitan para convertirse en un usuario influyente?

La gente tiende a fijarse en el número de seguidores, pero el compromiso es quizás más importante desde el punto de vista de las marcas. Compromiso se refiere a cómo los seguidores interactúan con una publicación. ¿Se limitan a desplazarse por el contenido, o deciden dar a «me gusta» o comentar las imágenes? Si hacen esto último, ¿qué dicen? Por ejemplo, imagine una cuenta en la que hay una modelo en bañador con más de un millón de seguidores. Se fija en los comentarios que atrae su cuenta y ve que muchos son de hombres que se la comen con la mirada, más interesados en lo que hay debajo del bañador que en la ropa en sí. Esto ejemplifica las características de una parte importante de su más de un millón de seguidores. Una marca de trajes de baño haría mejor en asociarse con una cuenta más modesta seguida por chicas realmente interesadas en el mundo de la moda. Por lo tanto, para ser un usuario influyente, en este caso la cuenta más pequeña tendría una puntuación más alta.

¿Qué factores determinan cuánto debería cobrar un instagramer?

Un simple cálculo, como el porcentaje de «me gusta»/comentarios sobre el número de seguidores es un modo efectivo de analizar el promedio de compromiso respecto a cuentas similares. Las marcas también se fijan en esto, pues manifiesta si un instagramer con un número elevado de seguidores influye en los demás o no. Pero entonces también hay que tener en cuenta el número de entradas que se espera que vaya a hacer sobre la marca, ya sea solo en Instagram o en otras redes sociales; si son entradas exclusivas o compartidas con otra marca, y si va a aportar contenidos originales o simplemente comentar imágenes ya existentes. Muchos de los *influencers* (usuarios influyentes) más relevantes en Instagram comenzaron como blogueros, por lo que son capaces de ofrecer paquetes que incluyen una publicación en sus sitios web. Otro factor es la creatividad que se aporta a la publicación. ¿La marca obtiene contenidos que puede publicar de nuevo en sus propios canales, o incluso una sesión fotográfica entera que pueda utilizar para vender productos en su sitio web? Esto se puede vender como un valor añadido.

¿Cuáles son las tarifas actuales?

Una vez haya conseguido un número decente de seguidores puede empezar a cobrar. Pero que no se le pase por la cabeza la posibilidad de comprar seguidores, pues esta práctica siempre acaba en un nivel de compromiso bajo, y las marcas lo perciben. Así que, básicamente, los instagramers con un número de seguidores del orden de varios cientos de miles con un buen compromiso pueden cobrar entre quinientos y mil dolares por publicación. Un *takeover*[1] puede ganar entre dos mil y diez mil dolares, dependiendo de la duración y del número de publicaciones. Un usuario fichado para una campaña completa, por ejemplo un paquete que incluya anuncios, imágenes y un conjunto de publicaciones para el período de la campaña puede ingresar entre veinte mil y treinta mil dolares. También existen muchos otros acuerdos, entre los que se incluyen comisiones sobre la venta de productos. Estos acuerdos comerciales están generalmente reservados para embajadores de marcas, y la comisión podría llegar hasta el 10 % de las ventas totales.

¿Recomendaría trabajar con un agente?

Desde luego. El motivo principal para trabajar con un agente es que puede establecer relaciones con marcas a las que el usuario no podría acceder por sí mismo. Un agente ayuda a conseguir mejores tratos y también a aparecer en las cuentas de *influencers*, permitiendo al usuario desarrollar su perfil con mayor rapidez. Aquí se pueden incluir tratos «*spend over*», en los que las marcas reciben un paquete que incluye publicaciones realizadas por los *influencers* de más alto nivel y algo de publicidad «gratuita» por medio de publicaciones en las cuentas más pequeñas.

¿Algún otro consejo para nuevos instagramers?

Sea agradable. Instagram es un espacio abarrotado, así que procure destacar siendo genuino. Las descripciones deberían ser concisas y captar la atención de la gente. ¿Cuál es su personalidad o tono de voz en las descripciones: serio, amigable, divertido o descarado? ¡Promueva el compromiso! Haga preguntas, interactúe con su público mediante comentarios y proporcione «me gusta»/comentarios recíprocos a sus colegas. Considere Instagram como una comunidad, no como una competición. Extienda su alcance publicando algo que tenga repercusión entre su público e impulse a sus seguidores a recomendarlo a sus amigos. Colabore con otros *influencers* para multiplicar su exposición pública, pues todos pueden aumentar su número de seguidores. Consulte las estadísticas de su cuenta para ver cuál de sus publicaciones obtiene el mayor compromiso. Las marcas esperan que lleve un registro de estos y otros datos clave de su cuenta.

1. Un *takeover* es una celebridad en internet que «toma el control» de la cuenta oficial de una compañía en las redes sociales y publica contenido en texto, fotografía y video desde su perspectiva personal.

Nia ha trabajado en la dirección de marketing de moda para marcas como Mulberry, Lacoste, Minkpink *y el minorista en línea* Net-a-Porter. *Actualmente está estudiando un máster en la London College of Fashion.*

@NIAPEJSAK

Añada un toque humano

Nunca subestime el poder de una historia en una fotografía. Principalmente fotografío edificios, pero creo que mis imágenes atraen a un público muy amplio porque también me gusta captar momentos. Por ejemplo, una persona corriendo, un reflejo de mi mano en un charco, un pájaro volando o la luz cambiante del día. Estos elementos despiertan más la imaginación del espectador que una fotografía que simplemente muestra cómo es un lugar. Su inclusión ayuda a la gente a identificarse con un espacio porque inmediatamente transmiten una sensación más humana.

@NUNOASSIS
Nuno Assis
Seguidores: > 240.000

Fuentes de inspiración:
@chrisconnolly
@konaction
@mihailonaca

La historia de Nuno

Empecé a compartir fotografías en Instagram en marzo de 2012 como una vía de escape de mi trabajo diario como arquitecto. En esa época estaba perdiendo la vertiente creativa de la arquitectura, así que la fotografía se convirtió en una extensión de mi trabajo y en un modo de registrar mis pensamientos diarios y mi entorno. La arquitectura juega un papel muy importante en el modo con que percibimos y comprendemos las ciudades y los lugares. Enmarca y descubre todo un espectro de posibilidades, y fue normal que se convirtiese en el tema de mi cuenta. También resulta interesante lo muy interconectadas que están actualmente la arquitectura y la fotografía. Una casi no existe sin la otra. Mire adonde mire veo una oportunidad fotográfica y un momento que recordar. Esta es mi vida ahora.

@THEFELLA
Conor MacNeill
Seguidores: > 195.000

Fuentes de inspiración:
@ovunno
@twheat
@whatinasees

Adopte un punto de vista diferente

Las mejores fotografías de paisaje son las que realmente inspiran una sensación de espíritu viajero en el espectador. Todo el mundo sabe que una fotografía de paisaje excelente requiere un buen sentido de la composición y el color. Trate de mostrar a la gente algo que muy posiblemente no haya visto antes. Puede fotografiar una escena muy conocida, especialmente en Instagram, pero busque puntos de vista y zonas de interés inusuales para que su fotografía impresione a su público.

La historia de Conor

Soy un fotógrafo de bellas artes, viaje y paisaje afincado en el Reino Unido, pero mi propósito es visitar todos los países del mundo. Empecé en el mundo de la fotografía como afición, para evitar aburrirme cuando viajaba solo. Abrí mi cuenta en Instagram en 2010, un par de meses después de que apareciese. Fue el momento perfecto, porque en esa misma época es cuando empecé a profundizar en la fotografía y en los viajes. En unos pocos años ya no seguiré en mi trabajo como creador de contenido web. Ahora hago fotografías y las publico en Instagram como medio de vida, principalmente para empresas de viaje y turismo.

Cómo dominar la fotografía de bodegón

@C_COLLI
Cristina Colli
Followers: > 90.000

Fuentes de inspiración:
@caroline_south
@5ftinf
@toile_blanche

Antes de hacer una fotografía de bodegón, piense en la historia que desea contar. Un bodegón, ya sea de flores en un jarrón o de alimentos en una mesa de un restaurante, es una narración visual. El fotógrafo controla todos los elementos —tema, iluminación, texturas, formas, colores—, y cada uno de ellos evoca una atmósfera, así que organice la escena en función de ello. Coloque los objetos detenidamente y procure crear un flujo visual que dirija la atención hacia aquello que desea resaltar. Utilice el espacio negativo (*véase* pág. 37) para que las cosas destaquen, y tenga presente que no siempre hay que mostrar todo el objeto —recortar una parte deja más espacio a la imaginación. Todas las reglas fundamentales de la composición se siguen aplicando. Puede utilizar acentos de color para guiar la vista y crear ritmo, como yo he hecho en esta imagen.

La historia de Cristina

Al principio utilizaba mi cuenta en Instagram para publicar fotos aleatorias sin ningún tema común. Después de un tiempo decidí publicar solo imágenes de flores como un modo de decir buenos días y desear un día estupendo a mis seguidores. Fue en ese momento cuando empecé a conectar con personas con talento y colaboradoras. Ahora Instagram es una parte importante de mi vida diaria. Publicar contenido regularmente me mantiene motivada, potencia mi creatividad y me impulsa a crecer como artista. Y por encima de todo, estoy muy agradecida a Instagram porque me ha conectado con mi grupo de amantes de las flores.

THE OBSERVER'S BOOK OF
GARDEN FLOWERS
Compiled by
ARTHUR KING
from the larger work
THE BOOK OF GARDEN FLOWERS
by G. A. R. PHILLIPS
JOAN LUPTON
NE & CO. LTD

@SEJKKO
Manuel Pita
Seguidores: > 240.000

Fuentes de inspiración:
@amandademme
@brahmino
@kbasta

Busque su sonrisa

Lo más importante es expresar su personalidad en Instagram haciendo fotografías que le hagan sonreír. He comprobado que sonrío sobre todo cuando hago fotografías ordenadas y minimalistas. Me gusta buscar un solo elemento, como un edificio, un árbol o una persona para que ocupe el centro de la escena. Nunca ignoro el fondo o el entorno, y los utilizo para reforzar el sujeto. Ahora, este estilo me parece natural y me proporciona un punto de vista. ¿Qué le hace sonreír?

La historia de Manuel

En la escuela tuve que elegir entre la ciencia y el arte, y elegí la ciencia. Muchos años después, Instagram se convirtió en un medio para encontrar un canal artístico que me permitió fluir de nuevo. Los últimos cuatro años han sido increíbles para mí, pues ahora veo cómo se conectan ambas vertientes de mi personalidad. A veces chocan, a veces cooperan completamente. En este momento siento que se produce una intensa evolución en mi vertiente artística, y me encanta.

Aprenda a escucharse

Conecte con algo a lo que se sienta muy próximo: algo personal y único, y al mismo tiempo espontáneo porque forma parte de su interior. Puede ser una afición, algo en su vecindario o algo que le guste realmente. Por supuesto, es importante ser creativo y construir un mundo propio, pero es incluso más importante explorarse a uno mismo y comunicar quién es a los demás. Todos somos individuos. Céntrese en esto para conectar con otras personas.

La historia de Isabel

Cuando me uní a Instagram en 2011 mi propósito no era llegar a ser una instagramer famosa, porque ese concepto no existía entonces. Para mí, Instagram era y sigue siendo un medio para expresar creatividad sin fronteras. Tuve la suerte de haber sido incluido en la exposición de 2012 «A Glimpse at PhotoVogue», de *Vogue Italia*. Luego, en 2014, The Cut me incluyó en «50 Fashion Social Media Voices to Follow» (50 voces de las redes sociales que hay que seguir). Después de eso, la agente Katy Barker, que desarrolló las carreras de Terry Richardson y Craig McDean, empezó a representarme, y en 2015 fui mencionada en la revista *Yo Dona* como una de las 500 mujeres españolas más relevantes del año. Todavía sigo pensando que es un sueño...

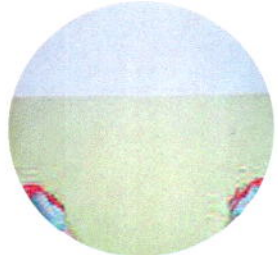

@ISABELITAVIRTUAL
Isabel Martínez Tudela
Seguidores: > 720.000

Fuentes de inspiración:
@hombre_normal
@oneeyegirl
@unskilledworker

¿Necesita representación?

Aparte de sonar bien, tener un agente puede elevar rápidamente su estrellato en Instagram. Pero, ¿qué hace exactamente un agente? ¿Cómo se consigue uno? ¿Y por qué podría un agente estar interesado en un usuario concreto? Le pedimos a la agente de blogueros Nadine Andrews que nos diera algunas respuestas sensatas.

¿Cuál es la ventaja de tener un agente?

Los agentes negocian en representación de su cliente. Esto resulta de gran ayuda, pues muchas personas consideran que se trata de un trabajo muy complicado. También permite al instagramer dedicar más tiempo a poner en práctica su creatividad. Un agente también puede presentarle clientes con los que tiene relaciones desde hace tiempo. Un buen agente también ayuda y ofrece consejos sobre cómo conseguir objetivos.

¿Un *influencer* puede tener más de un agente?

Sí, puede tener un agente distinto en cada país. Por lo general, el agente principal lo introducirá en otras agencias de otros territorios con las que tenga relaciones laborales. En cuanto a tener varios agentes en el mismo país, no es algo que permita la mayoría de las agencias.

Cuando un *influencer* busca agentes potenciales, ¿en qué debería fijarse?

Es preferible encontrarse personalmente o hablar por teléfono para hacerse una idea de si un agente va a encajar con la forma de hacer las cosas del usuario, pues van a entablar una relación laboral muy próxima. El agente también ha de comprender sus objetivos y saber si puede ayudarle a conseguirlos. Es importante saber a quién están representando en ese momento y si su perfil encaja con su modo de trabajar, pues algunas agencias se centran más en la belleza, otras en los productos alimentarios, etc.

¿Cuándo se convierte alguien en *influencer*? ¿Se trata únicamente del número de seguidores que tiene?

Depende más del compromiso que del número de seguidores. La cuenta de un *influencer* ha de tener un elemento diferenciador que la haga destacar sobre las de otros usuarios. También ha de tener un base sólida de seguidores que lo consideren como una marca distintiva.

¿Qué busca cuando decide representar a un nuevo *influencer*?

Me fijo en sus números y en el compromiso que tiene. Ha de tener un plan sobre el rumbo que desea dar a su cuenta. ¿Piensa introducirse en el espacio YouTube? ¿En algún momento querrá escribir un libro o diseñar unos zapatos? Mis clientes siempre quieren saber qué canales sociales tiene un *influencer* potencial, así que cuantos más tenga, mejor, pues esta diversidad crea oportunidades adicionales. Las posibilidades son ilimitadas, y como esta industria se mueve a un ritmo tan vertiginoso, quiero que mi nuevo talento sea el amo del juego.

¿Asume riesgos con talentos emergentes o espera hasta que alcanzan un cierto nivel de influencia?

Me he arriesgado con talentos potenciales, como Indy Clinton, Maxi Hansen y Maia Cotton, pues siempre es importante buscar nuevos éxitos. Creo que también es importante actuar como mentor y enseñar a los usuarios a construir y desarrollar su marca.

Si alguien busca representación, ¿qué debería hacer?

Es importante enviar un paquete de información social, que incluye datos sobre las redes sociales en las que participa y, si tiene blog, los seguidores que tiene y las visitas de usuarios diferentes que recibe mensualmente. También ha de proporcionar información sobre cualquier trabajo que haya realizado con clientes, y varias razones por las que yo debería representarle. Quiero saber qué diferencia a ese usuario del resto y cuáles son sus planes para el futuro.

¿Y qué no debería hacer?

Definitivamente, no debería enviar un correo electrónico con su nombre de usuario de Instagram sin ninguna explicación adicional sobre lo que hace y por qué. Para mí, esto es muy poco profesional y un mal comienzo, ya que no muestra ninguna iniciativa, empuje o pasión por su marca.

¿Qué consejo daría a aquellos que aspiran a ser famosos en Instagram?

Ser honestos consigo mismos y no tratar de ser alguien que no se es. Todo el mundo tiene su propio espíritu creativo, así que ¡no hay que rendirse! Cuando considere que está listo para contratar a un representante, asegúrese de estar seguro al 100 % de con quién se asocia. Formule preguntas y cerciórese de que su agente es el adecuado desde un punto de vista laboral y de que realmente cree en sus posibilidades.

Nadine Andrews fundó la división de gestión de redes sociales de Chic Model Management *en 2013. Desde entonces ha representado a algunos de los blogueros más exitosos de Australia y ha trabajado con clientes como* Qantas, E!, Country Road, Net-a-Porter *y* Estée Lauder.

La importancia de la *selfi*

Si se parece a mí, verá que las *selfis* a veces le hacen parecer un poco cohibido. Yo abordo este problema asegurándome de que hay una buena razón para hacerme una *selfi*. Lucir unas gafas, una pieza de ropa o un nuevo aspecto es siempre un buen punto de inicio. Esto también aporta un poco más a la historia que hay detrás de la *selfi*, que inspirará la descripción de la imagen. También crea una buena oportunidad para etiquetar marcas y, con suerte, captar su atención. Lo importante es divertirse y no tomárselo demasiado en serio. Si yo lo puedo hacer, ¡cualquiera puede!

La historia de Olivia

Soy Olivia, una bloguera de moda de 22 años nacida en Londres. Mis contenidos son un reflejo de mi amor por la comida, los viajes, los colores, la belleza, la música y la moda. Abrí mi cuenta en Instagram al mismo tiempo que mi blog, hace cuatro o cinco años, mientras estudiaba. Echando la vista atrás, veo que mis *selfis* eran una mezcla de filtros Hipstamatic y una mala iluminación. Ahora Instagram se ha convertido en una de mis plataformas favoritas para la expresión creativa, con o sin filtros sepia.

@LIVPURVIS
Olivia Purvis
Seguidores: > 120.000

Fuentes de inspiración:
@belleandbunty
@xantheb
@makemylemonade

@PHILGONZALEZ
Philippe Gonzalez
Seguidores: > 270.000

Fuentes de inspiración:
@atfunk
@missunderground
@sejkko

Planifique un InstaMeet

Es importante quedar en la vida real con los amigos de Instagram. Este paso ayuda a construir una relación sólida de amistad y proporciona un entendimiento mayor con los seguidores. Puede organizar un InstaMeet (encuentro con amigos de Instagram) en cualquier momento y en cualquier lugar, pero hay ocasiones especialmente adecuadas, como Semana Santa, Navidades o el Día de San Valentín. Comience con la logística. Si se trata de un *photowalk* (salida fotográfica), estudie la ruta y trate de encontrar patrocinadores para sufragar los gastos. Luego anuncie la actividad a la comunidad por medio de su cuenta y pida a sus amigos y seguidores que la promocionen en sus cuentas. El tamaño del grupo no debería ser demasiado grande si se trata de un *photowalk*, pero en un lugar grande, como un museo, en realidad no hay límite. ¡Nosotros hemos reunido a cientos, e incluso a miles, de personas en algunos InstaMeets!

La historia de Philippe

Descubrí Instagram cuando acababa de salir, y enseguida supe que esta aplicación cambiaría el modo con que compartimos nuestras vidas, conocemos gente e interactuamos con las marcas. Un domingo relajado empecé a escribir tutoriales para principiantes, una idea que se acabó convirtiendo en instagramers.com. La fotografía con el móvil ha cambiado mi vida y la de millones de otras personas. Actualmente, instagramers.com tiene más de 500 grupos en más de 80 países. Desearía tener más tiempo para mi propia cuenta, pero como dice Instagram, «la comunidad es lo primero». ¡Esto es algo que comprendí hace bastante tiempo!

@PALOMAPARROT
Phoebe Cortez Draeger
Seguidores: > 320.000

Fuentes de inspiración:
@dantom
@emilyblincoe
@thiswildidea

Busque su propio estilo

Puede buscar inspiración en muchas cosas, como la música, un comentario habitual o un momento de efímera belleza. Edite su contenido de Instagram como un libro fotográfico: si todas sus fotografías tienen la misma estética, sus seguidores se sentirán como si estuvieran viviendo su mismo viaje. Busque sus colores y temas favoritos y cultívelos. Personalmente, me gusta fotografiar escenas con un enfoque minimalista y directo para proporcionar a mi contenido un aire documental. Para mí, este enfoque es más realista.

La historia de Phoebe

Después de estudiar fotografía no fui capaz de encontrar trabajo en esa área, así que empecé a trabajar en una tienda de ropa. A principios de 2012, una compañera de trabajo me habló de una aplicación llamada Instagram. Mi primera publicación fue una fotografía de mi vestuario, pero pronto descubrí mi tema y mi estilo, y mi cuenta empezó a crecer con rapidez. Dos años después conseguí mi primer trabajo relacionado con Instagram. Dejé mi trabajo como profesora de preescolar y ahora me dedico a la fotografía a jornada completa.

¡Diviértase!

La gente se toma las cosas demasiado en serio en las redes sociales. Al acabar el día, es importante apreciar la creatividad de todo el mundo y explorar la propia. El humor es un excelente modo de atraer la atención en Instagram, pero como mínimo es necesario transmitir a los demás ese espíritu de diversión. Esto inyecta una energía al contenido, que la gente encontrará inspirador. Puede crear una cuenta basada en un tema alegre, escribir descripciones ocurrentes o documentar las excentricidades de su día a día. Me encanta llevar la cuenta **@HOTDUDESWITHDOGS** porque, más que cualquier otra cosa, me divierto y conozco a mucha gente interesante.

@HOTDUDESWITHDOGS
Kaylin Pound
Seguidores: > 395.000

Fuentes de inspiración:
@hotdudesreading
@menandcoffee
@nick__bateman

La historia de Kaylin

Abrí una cuenta llamada **@RICHDOGSOFIG** como un juego y, para mi sorpresa, consiguió muchos seguidores: 25.000 para ser exactos. A finales de 2015 empecé a pensar sobre mi nueva aventura en las redes sociales. Si hay algo que me gusta tanto como los perros son los hombres atractivos, así que me propuse reunirlos y crear el bombón de Instagram definitivo. Tener esta cuenta me ha proporcionado la posibilidad de conocer personas increíbles, y también he podido apoyar algunas buenas causas como refugios para animales. Mi cuenta no empezó a atraer la atención de las marcas hasta que no alcancé los 15.000 seguidores, y ahora estoy considerando buscar un agente, pues gestionar una cuenta así requiere mucho trabajo.

@PANYREK
Kitty de Jong
Seguidores: > 180.000

Fuentes de inspiración:
@brahmino
@claireonline
@groovypat

Es normal sentirse triste

Instagram se percibe como una plataforma donde siempre se ha de tener un día fantástico y siempre se ha de ser feliz. Por supuesto, la positividad es fortalecedora, pero en la vida a veces nos sentimos tristes, y no todos los días son estupendos. Es importante compartir los sentimientos genuinos con los seguidores porque ellos también tienen días buenos y malos. Publiqué esta imagen como respuesta al desastre del vuelo 17 de Malaysia Airlines en 2014. Me sentía un poco desilusionada con el mundo y quería compartir esa sensación. Creo que la gente realmente se comprometió con la publicación porque también transmitía sus sentimientos.

La historia de Kitty

Vivo en Amsterdam con mi marido y nuestros cuatro hijos. Empecé a utilizar Instagram en octubre de 2011. Tener conmigo en todo momento un teléfono iPhone me permitió hacer muchas más fotografías, y al cabo de poco tiempo me propuse el desafío de publicar únicamente imágenes captadas con mi iPhone. Al principio dedicaba mucho tiempo a Instagram, pues constantemente estaba buscando nuevos lugares, temas e iluminaciones atractivas. También pasaba mucho tiempo navegando por la aplicación en busca de buenas imágenes de otros fotógrafos. Aprendí mucho de ellos y me inspiraron para salir todavía más.

Lo que se debe hacer en Instagram

Hable con los seguidores, responda a sus comentarios y comente las fotografías de otras personas.

Mencione marcas y a otros usuarios de Instagram. Etiquételos en las fotografías o en las descripciones.

Dedique tiempo a utilizar aplicaciones de edición para que las imágenes tengan una apariencia perfecta antes de publicarlas.

Cree un tono o un estilo coherentes. A los seguidores les gustan los contenidos que fluyen.

Elimine imágenes antiguas a medida que su estilo vaya evolucionando. Se sorprendería de lo lejos que puede llegar la gente navegando por una cuenta.

Mantenga actualizada la información del perfil con todas las plataformas de redes sociales y vínculos a sitios web y blogs adicionales que posea.

Utilice geoetiquetas para mostrar a sus seguidores dónde se encuentra o se encontraba. Geoetiquetar su barrio también es un buen sistema para conseguir seguidores locales.

Acuda a InstaMeets organizados para construir más relaciones personales con la comunidad Instagram.

Añada descripciones con contenido para añadir otra capa de interés a sus fotografías.

Añada un toque de nitidez a todas sus imágenes; este ajuste ayuda a mantener la claridad de las fotografías una vez subidas a Instagram.

... y lo que no se debe hacer

Utilizar las imágenes de otras personas sin mencionarlas. Es posible que lo denuncien y su cuenta en Instagram quede bloqueada.

No añadir pies de foto junto con las publicaciones; esto reduce el interés del contenido.

Subir demasiadas imágenes cada día. Procure subir como mucho dos o tres, distribuidas en el tiempo.

Subir fotografías de las partes privadas de cualquier persona. Esto podría proporcionarle varios centenares de seguidores en un par de horas, pero luego su cuenta quedaría bloqueada.

Utilizar demasiados *hashtags*. Uno o dos bien escogidos es más que suficiente. Si ha de utilizar más, añádalos en un comentario para que no resulten tan visibles.

Seguir a demasiadas personas. Su bandeja de entrada se llenará de publicaciones que no le inspirarán nada. También le restará seguidores porque transmite la idea de que es un usuario un poco disperso.

Utilizar filtros pasados de moda. De verdad, no lo haga.

Publicar una imagen y luego mirar fijamente el teléfono esperando a que aparezcan «me gusta». En lugar de ello, ¡salga y busque oportunidades fotográficas!

Pagar para conseguir seguidores. No engañará a nadie porque su compromiso será bajo en comparación con el número de seguidores de su cuenta.

Perder amigos por fotografiar constantemente cosas mientras come. Planifique su tiempo para poder tener tiempo libre.

A

agentes 85, 101, 110, 112, 113, 120
Ajustar 48
@aladyinlondon (Julie Falconer) 58-59
Andrews, Nadine 112-113
ángulos 13, 37, 39, 49
animales 77, 98, 120
aplicaciones de edición 14, 21, 46, 49, 124
arquitectura 36, 39, 46, 49, 64, 102, 109
  véase también fotografía urbana
Atenuación 48
atmósfera 61, 74, 78, 106
  véase también sentimientos y emociones

B

@berlininstagram (Michael Schulz) 20-21, 22, 36
blogs 13, 14, 22, 59, 62, 86, 101, 113, 114
bodegones 74, 106
@breadfaceblog (Bread Face) 22, 42-43
Brillo 48

C

@c_colli (Cristina Colli) 106-107
Calidez 48
@caroline_south (Caroline South) 14-15
@cashcats (Will Zweigart) 98-99
@5ftinf (Philippa Stanton) 84-85
coherencia 14, 21, 48, 74, 87, 92, 124
colaboración 68, 78, 101
Color 48
comentarios 24, 61, 86, 88, 101, 124
composición 14, 22, 34, 36-37, 39, 46, 56, 64, 74, 87, 105, 106
  composición limpia 37, 87
comunidad Instagram 7, 24, 86, 91, 101, 106, 117, 124
Contraste 48
Cortex Camera 49
creatividad 40, 45, 46, 50, 61, 82, 85, 86, 95, 101, 106, 110
cuadrícula 36, 48, 56
@cucinadigitale (Nicolee Drake) 94-95
cuentas
  accesorios 22
  biografía 22, 23
  crecimiento 9, 21, 22, 72-73, 100, 124
  fotografías (logotipos) 22, 23
  nombres 21, 22
  perfiles 22-23, 124
  segundas cuentas 82
  usuarios sugeridos 14, 33, 61, 86-87

D

@daniel_ernst (Daniel Ernst) 37, 80-81
@daniellepeazer (Danielle Peazer) 7, 8-9, 23
Darkroom 49
disfrutar de la cuenta de Instagram 9, 33, 42, 45, 92, 98

E

edición 48-49, 50, 87, 124
  véase también aplicaciones de edición
@edwardkb (Edward Barnieh) 37, 40-41
efectos 14, 48, 49
Enfocar 48
espacio en las imágenes 14, 37, 56, 64, 87
espacio negativo 37, 87, 106
estilo personal 9, 55, 62, 87, 92, 100, 109, 110, 119, 124
Estructura 48
estudio en casa 92

F

filtros 14, 49, 87, 114, 125
flat lay 56
fondo 50, 62, 92, 109
fotografía urbana 10, 46, 59

G

@gabifresh (Gabi Gregg) 62-63
ganar dinero por medio de Instagram 9, 21, 40, 50, 64, 91, 97, 100-101, 105, 119
gente en fotografías 17, 55, 81, 102
geoetiquetas 71, 73, 124
@gmateus (Gabriela Mateus) 32-33

H

@hall_ellis_davis (Hal Ellis Davis) 56-57
hashtags 17, 60-61, 72, 86, 87, 125
@helloemilie (Emilie Ristevski) 7, 23, 78-79
Historias 53
@hotdudeswithdogs (Kaylin Pound) 120-121
humor 18, 42, 98, 101, 120

I

idiomas en Instagram 22, 67
@ihavethisthingwithfloors (Edith, Josha & Pien) 23, 68-69, 86
iluminación 74, 106
  véase también luz natural
influencer / usuario influyente 45, 46, 100, 101, 112-113
instagramer 91, 100, 101, 110, 112
InstaMeets 86, 91, 117, 124
iPhones 34, 50, 64, 123
@isabelitavirtual (Isabel Martínez Tudela) 110-111

K

@katia_mi (Ekaterina Mishchenkova) 66-67
@kiki_sunshine (Ekaterina Kolenbet) 52-53
@kim.ou (Kim Leuenberger) 82-83
@kitkat_ch (Martina Bisaz) 70-71

L

@lebackpacker (Johan Lolos) 88-89
@lilyrose (Lily Rose) 37, 90-91
líneas 12-13, 36, 37, 46
@livpurvis (Olivia Purvis) 114-115
lo que se debe hacer en Instagram y lo que no 124-125
Luces 48
luz natural 10, 17, 56, 78, 87

M

@macenzo (Dirk Bakker) 37, 46-47
marcas 9, 21, 34, 40, 64, 67, 81, 85, 100-101, 114, 124
marcos/encuadrar 13, 34, 36, 37
@me_and_orla (Sara Tasker) 22, 50-51
minimalismo 14, 109, 119
mirar y ver 13, 17, 102
@missunderground (Jess Angell) 12-13, 128
moda 31, 45, 62, 97, 100

N

@nala_cat (Varisiri Methachittiphan) 76-77
@nao1223 (Naomi Okunaka) 74-75
@nathparis (Nathalie Geffroy) 38-39
nombre 21, 22
@nunoassis (Nuno Assis) 102-103

O

@ovunno (Oliver Vegas) 36, 54-55

P

@palomaparrot (Phoebe Cortez Draeger) 118-119
@panyrek (Kitty de Jong) 36, 122-123
@pchyburrs (Peechaya Burroughs) 92-93
peculiaridad 31, 64, 82, 86, 100
Pejsak, Nia 100-101
personalidad 22, 82, 101, 109, 110
perspectiva 46, 49
@philgonzalez (Phil Gonzalez) 116-117
PicTapGo 14, 49
pies de foto/descripciones 33, 45, 61, 87, 97, 124, 125
primer plano/interés en el primer plano 36, 37
productos alimentarios / alimentos / comida 7, 18, 27, 42, 56, 74, 100, 106, 114
puntos de vista 37, 55, 105

R

redes sociales 21, 22, 23, 28, 34, 45, 59, 91, 101, 113, 120, 124
reglas generales 86-87, 124-125
representación 85, 101, 110, 112-113, 120

S

@sallymustang (Sally Mustang) 44-45, 86
@satiregram (Euzcil Castaneto) 28-29
Saturación 48
seguir/seguidores 22, 24, 40, 61, 72-73, 86 87, 88, 91, 100, 113, 125
@sejkko (Manuel Pita) 61, 108-109
selfi 81, 86, 114
sentimientos y emociones 33, 45, 53, 55, 61, 74, 123
ser diferente 14, 18, 28, 98, 105
ser genuino 9, 31, 53, 85, 86, 97, 101, 123
@serjios (Serge Najjar) 16-17, 37
series de fotografías 33
simetría 13, 37, 46, 87
SKRWT 46, 49
smartphones 13, 21, 34, 48, 49, 50, 56, 64, 74, 123
Snapchat 21, 23
Snapseed 49
Sombras 48
@symmetrybreakfast (Michael Zee) 7, 26-27, 37

T

@tasteofstreep (Samantha Raye Hoecherl) 7, 18-19, 23
temas 27, 33, 74, 82, 85, 102, 106, 119, 120
@thatsval (Valentina Loffredo) 24-25
@thedressedchest (Rainier John Pazcoguin) 30-31
@thefella (Conor MacNeill) 104-105
@the.hat (Tim Hatton) 34
@the_salty_blonde (Halley Elefante) 96-97
@thomas_k (Thomas Kakareko) 10-11

V

viajes 10, 33, 34, 46, 55, 67, 71, 81, 82, 88, 97, 105
Viñeteo 48
VSCO 49

W

Weekend Hashtag Project 86
WhatsApp 68
Whitagram 64

Créditos de las imágenes

pág. 8 Danielle Peazer, imagen de perfil de @RVDS

pág. 10 Thomas Karareko

pág. 12 Jess Angell

pág. 14 Caroline South

pág. 16 © Serge Najjar

pág. 18 Samantha Raye Hoecherl. Imágenes tomadas de las películas *El diablo viste de Prada* y *La muerte os sienta tan bien*, y de los premios Oscar de la Academia de 2012. Gracias a Meryl Streep.

pág. 20 Michael Schulz

pág. 24 Valentina Loffredo

pág. 26 © Michael Zee

pág. 28 Euzcil Geslani Castaneto

pág. 30 Rainier John Pazcoguin

pág. 32 Gabriela Mateus

pág. 34 Tim Hatton

pág. 38 Nathalie Geffroy

pág. 40 Edward Barnieh

pág. 42 Bread Face

pág. 44 Sally Mustang (sallymustang.com)

pág. 46 Dirk Bakker

pág. 49 Darkroom: Majd Taby, Matt Brown y Jasper Hausem
VCSO: VSCO;
PicTapGo: Totally Rad! Inc
Snapseed: Google Inc
SKRWT: SKRWT
Cortex Camera: La apliación Cortex Camera fue desarrollada por John K. Corcoran, y el icono fue diseñado por Grant Walker.

pág. 50 Sara Tasker (meandorla.com)

pág. 52 Ekaterina Kolenbet

pág. 54 Oliver Vegas

pág. 56 Hal Ellis Davis

pág. 58 Julie Falconer

pág. 62 Fotografía de Sylvia Gunde

pág. 64 Nicole Franzen

pág. 66 Ekaterina Mishchenkova

pág. 68 Josha Jansen, Edith Beurskens y Pien van Wijmen

pág. 70 Martina Bisaz

págs. 72-73 Hootsuite

pág. 74 Naomi Okunaka

pág. 76 Varisiri Methachittiphan (nalacat.com)

pág. 78 Emilie Ristevski (helloemilie.com)

pág. 80 Daniel Ernst

pág. 82 Kim Leuenberger (*véase* también @travellingcars)

pág. 84 Philippa Stanton

pág. 88 © Johan Lolos

pág. 90 Lily Rose

pág. 92 Peechaya Burroughs

pág. 94 Nicolee Drake

pág. 96 Halley Elefante

pág. 98 Will Zweigart, Blair Truesdell, Cody Gentile, Leilani Shimoda

pág. 102 Nuno Assis

pág. 104 Conor MacNeill

pág. 106 Estilismo y fotografía de ©Cristina Colli

pág. 108 Manuel Pita, selección de cuatro casas solitarias, fotografía de (Digital Manipulation). Cada uno de los cuatro originales tiene unas medidas de 56 H 56 cm y está impreso en papel Chromaluxe Art (ediciones limitadas) ©2016 (sejkko.com)

pág. 110 Isabel Martínez Tudela

pág. 114 Olivia Purvis

pág. 116 Philippe Gonzalez

pág. 118 Phoebe Cortez Draeger

pág. 120 Fotografías de (en sentido horario desde arriba a la izquierda): @6rilink, @leeleepatrick, @rosscochran2, @lauridiso

pág. 122 Kitty de Jong

Agradecimientos

Mi más sincero agradecimiento a las siguientes personas por su valiosa ayuda y duro trabajo: Sara Goldsmith, Alex Coco, Jess Angell, Nia Pejsak, Nadine Andrews, Ruby Grose, Susie Macintosh, Anna Pihan y todos los excelentes colaboradores.

Sobre la documentalista gráfica

Jess Angell se enamoró de Instagram a principios de 2011, y no tardó en fundar una comunidad de usuarios en Londres que organiza regularmente InstaMeets y concursos. En 2013, decidió dedicarse a la consultoría en Instagram a jornada completa. Actualmente, trabaja con muchas marcas y compañías que quieren conocer el funcionamiento de Instagram o mejorar sus contenidos y sus cuentas. Gracias a ello, viaja por todo el mundo y ha forjado una gran amistad con usuarios de Instagram. Jess tiene dos exitosas cuentas en Instagram: **@MISSUNDERGROUND** y **@MISS_JESS**.